LUCIANE BONACE LOPES FERNANDES

ONDE AS BORBOLETAS NÃO HABITAM

A história de crianças e adolescentes
que enfrentaram o nazismo com arte

1ª edição – Belo Horizonte, dezembro de 2022

Texto © Copyright 2022

Livro livremente inspirado na obra *As meninas do quarto 28*, de Hannelore Brenner, e em diários de guerra.

Todos os direitos reservados. Nenhuma parte desta obra pode ser reproduzida, arquivada ou transmitida por qualquer forma ou por qualquer meio sem a permissão expressa e por escrito da Aletria Editora.

Editora responsável: Rosana de Mont'Alverne Neto
Editora Assistente: Poliana Moreira
Revisão: Natália Vieira
Comunicação: Ramon Freitas
Projeto gráfico: Romero Ronconi

F363   Fernandes, Luciane Bonace Lopes
         Onde as borboletas não habitam: a história de crianças e adolescentes que enfrentaram o nazismo com arte / Luciane Bonace Lopes Fernandes.
         Belo Horizonte: Aletria, 2022.
              188 p.; 17 X 24 cm
              ISBN 978-85-9526-040-5
         1. Literatura juvenil. 2. Segunda Guerra Mundial. 3. Arte. I. Fernandes, Luciane Bonace Lopes. II. Título.

                                                              CDD: 028.5

Ficha catalográfica elaborada por Janaina Ramos – CRB 8/9166
Índice para catálogo sistemático: I. Literatura juvenil

Praça Comendador Negrão de Lima, 30 D – Floresta
CEP 31015 310 – Belo Horizonte – MG | Brasil
Tel: +55 31 3296 7903

www.aletria.com.br

"A todas as crianças que passaram por Terezín.
Que seus nomes nunca sejam esquecidos."

um lugar maravilhoso chamado Tchecoslováquia

I.

— E foram felizes para sempre — Li em voz alta na última página do livro.

"Que mentira" — pensei — "ninguém é feliz para sempre. Eu pelo menos não sou". E fechei o livro com força.

— A única coisa verdadeira aqui é que a madrasta não gosta dela. Ah, não gosta mesmo. E isso até que existe... e existe mesmo. Quem sabe esta seja uma história inventada, mas, ao mesmo tempo, verdadeira. Será que existe isso? História inventada, mas verdadeira?

"Às vezes a ficção é mais real que a realidade!" — pensei.

— Helenaaaaaaaa, já arrumou seu quarto? — gritou minha madrasta do andar inferior da casa.

— Sim, isso mesmo, história inventada, mas verdadeira. Madrastas más existem!

E corri para recolher as roupas do chão, guardá-las no armário, estender a cama, pegar a vassoura...

Adoro ler. É meu passatempo favorito, mas ando meio desacreditada dessas histórias de fadas, talvez porque os 11 anos estão chegando e não me considero mais criança. Mas, quem sabe, as histórias de fadas não sejam apenas para crianças...

— Hoje é domingo, bem que eu podia ter uma folga. Bem que a mamãe podia estar viva. Por que as coisas são assim? — pensei em voz alta.

Nasci no ano de 1928, na cidade de Praga, capital da antiga Tchecoslováquia, país localizado perto da Alemanha, da Polônia, da Áustria e da Ucrânia, criado em 1918 com a dissolução do Império Austro-Húngaro, após a Primeira Guerra Mundial. Praga sempre foi uma cidade maravilhosa. Lembro-me vividamente das ruas ladrilhadas, do som dos meus sapatos sobre o chão, quando mamãe e eu caminhávamos de mãos dadas, dos canteiros de rosas, tão perfumadas e coloridas, da estação central, com trens que partiam para diferentes lugares.

Minha mãe costumava dizer que **Praga** era a capital da Europa. Hoje sei que isso não é verdade, mas ela amava tanto sua cidade natal que às vezes exagerava um pouco. Mamãe era uma mulher alta, com lindos olhos castanhos, um rosto sereno e gentil. Filha de operários tchecos, mamãe havia trabalhado desde muito jovem. Eu amava ouvir suas histórias: seu primeiro emprego na fábrica de tecidos, as brincadeiras com seus irmãos e os brinquedos feitos à mão por sua avó materna. Minha mãe adorava sua avó. Seus olhos se enchiam de lágrimas quando falava dela. Minha bisavó havia partido há muitos anos...

Ah! Como sinto falta de mamãe! Daria tudo para que ela estivesse aqui comigo.

Sempre fui muito curiosa. Outro passatempo era observar as pessoas nas ruas. Mamãe às vezes chamava minha atenção, mas eu gostava de ver o que estavam fazendo e de imaginar o que pensavam. Eu tinha minhas próprias teorias sobre o mundo e sobre as pessoas, mas nunca as compartilhava com ninguém.

Praga é a capital e maior cidade da atual República Tcheca. Em 1992, teve início um movimento separatista junto à nação eslovaca e, em 1º de janeiro de 1993, a Tchecoslováquia dividiu-se em dois Estados independentes, a República da Eslováquia e a República Tcheca. Após a Segunda Guerra Mundial, a Tchecoslováquia foi liberta do jugo nazista pelos soviéticos e teve início a implantação do modelo socialista em 1948, com um golpe de Estado, que durou quatro décadas. Praga é um dos mais belos e antigos centros urbanos da Europa. Outras cidades importantes da República Tcheca são Brno, Ostrava, Olomouc, Plzeň e Kutná Hora.

Papai era relojoeiro. Ele trabalhava numa tradicional loja de relógios e chegava em casa sempre exausto e impaciente. Meu pai nunca gostou do seu trabalho. Ele acreditava que, se tivesse tido oportunidades, seria alguém importante. Papai nasceu na Áustria, numa cidade chamada Innsbruck, por isso falava alemão fluentemente. Também falava iídiche e tcheco, minha língua natal. Ele tinha apenas uma irmã, tia Gertruda, que passou toda a vida em Innsbruck. Vi minha tia apenas uma vez, quando ela veio nos visitar em Praga. Anos depois meu pai descobriu que titia havia morrido num **campo de concentração** na Alemanha. Foi a primeira e única vez que vi meu pai chorar.

Campos de concentração nazistas eram pequenas, médias ou grandes instalações destinadas à segregação, desumanização, ao trabalho escravo e extermínio de judeus, comunistas, negros, homossexuais, prisioneiros políticos, Testemunhas de Jeová e outras minorias perseguidas pelo Partido Nacional Socialista. Antes e durante a Segunda Guerra, os nazistas construíram milhares de campos de concentração na Alemanha e em outros países ocupados. O maior e mais famoso campo de concentração foi Auschwitz, um complexo com três campos, dois de trabalhos forçados e um de extermínio, Auschwitz-Birkenau, que possuía câmaras de gás e fornos crematórios que produziam a morte de milhares de pessoas todos os dias. Dos milhares de campos construídos, apenas cinco praticavam o extermínio nas câmaras de gás. Nos demais, os prisioneiros sucumbiam por fome, frio, cansaço ou doenças.

II.

A campainha tocou. É Olga, minha melhor amiga. Como eu sei? Temos nosso "toque de campainha especial": *ding-dong, ding-dong, ding-dooooong, ding-dong*. Combinamos de ir à Ponte Carlos, observar o rio Vltava e jogar conversa fora. Corri a abrir a porta... É Olga, tem que ser. Solto um grande sorriso ao descer as escadas: minha madrasta odeia nosso toque de campainha e resmunga sem parar sempre que Olga aparece.

— Vamos? — disse Olga, ao ver a porta se abrir.

— Daqui a pouco — respondi meio desanimada —, preciso arrumar meu quarto e colocar as roupas para lavar. — E torci o nariz como quem gostaria de desaparecer da face da Terra.

Em trinta minutos saímos em direção à ponte, deixando meus problemas familiares em casa.

Olga e eu moramos na Cidade Velha. Moro perto da sinagoga e do antigo cemitério judaico. A Cidade Velha é a parte mais antiga de Praga e possui um centro histórico com edifícios construídos há muitos anos, cheios de janelas, e arquitetura diversificada: igrejas em estilo romano, torres góticas, casas renascentistas, palácio barroco, uma instituição bancária *Art Nouveau* e o relógio medieval. Durante toda a guerra, o relógio teve um significado especial para as crianças e os adolescentes que foram aprisionados na fortaleza. Era um símbolo de liberdade e esperança. Sonhávamos com o fim da guerra e o retorno ao lar e,  caso estivéssemos distantes uns dos outros, prometemos nos encontrar em frente ao relógio. Eu ouvia essas histórias e desejava do fundo da alma que se concretizassem, mas me perguntava se realmente essa guerra teria fim. Não era apenas um conflito político, era uma guerra contra um povo, uma cultura, uma religião, uma "raça" considerada impura.

Atravessando a Ponte Carlos está o Castelo de Praga, na colina Hradčany, o maior castelo do mundo, onde foi fundada a cidade.

Sem dúvida, o castelo é o ponto mais importante da cidade. Em seu interior encontram-se outras construções importantes, como a Catedral de São Vito e o Palácio Real.

Ao lado da Cidade Velha fica a Cidade Nova, uma das áreas mais extensas, superando a Cidade Velha e o Bairro Judeu. Na Cidade Nova, ou Nové Město, como é conhecida aqui em Praga, fica a Praça Venceslau, um dos meus lugares favoritos. Malá Strana é um dos pontos históricos mais importantes da cidade, com imponentes jardins e lindas fachadas barrocas. Praga é simplesmente linda, a cidade dos meus sonhos.

Olga e eu frequentamos a mesma escola desde o 1º ano. Depois da morte de mamãe, moro com papai e Sonja, sua nova esposa. Tenho muita dificuldade em lidar com Sonja. Ela é uma mulher fria. Acho que me odeia, na verdade. Mamãe e eu tivemos o privilégio de estar juntas por cinco anos, quando ela partiu para outros mundos.

— O que faremos no seu aniversário? — perguntou Olga.

— Hmmm, boa pergunta, não sei. Ainda faltam 15 dias, vou pensar em algo especial — respondi fingindo entusiasmo.

Estamos em 28 de fevereiro, o ano é 1939 e não estou muito animada para o meu aniversário. Deveria ser um momento feliz, mas sinto muita falta de mamãe e estou bem cansada dos conflitos com Sonja. Gostaria que papai se posicionasse e me defendesse, mas ele prefere ficar calado e fazer de conta que está tudo bem, acho que para não desagradar a esposa. Isso me deixa com muita raiva. Como não acredito que as coisas possam mudar, às vezes gostaria que papai e Sonja sumissem para sempre.

— Ah! — suspirei em desabafo depois de lembrar de minha mãe — Você não sabe como é difícil, Olga. — E passamos a tarde toda conversando sobre lugares do mundo que gostaríamos de conhecer e as "tragédias" pessoais vividas até nossos 11 anos.

— Você reclama muito, Helena, a vida não é fácil para ninguém.

— Eu sei. Só queria que fosse... diferente.

Apesar de tudo, não consigo parar de pensar em como Praga é maravilhosa. "Que sorte a nossa morarmos aqui", penso. Faço planos com Olga: quero ir para a Universidade Carlos, a mais antiga de Praga, ser uma jornalista ou historiadora, conseguir um emprego, ser independente, ter minha própria casa, um lugar onde haja p-a-z — e pronuncio essa palavra bem devagar, saboreando seu som e me imaginando assim... Emancipada, vivendo sozinha, livre, sem conflitos com a madrasta.

— Eu quero conhecer o mundo — disse Olga. — Ir de navio a diferentes cidades e portos — falou com entusiasmo minha melhor e mais querida amiga. — Eu quero conquistar o mundo! — gritou Olga no meio da ponte. Até as pombas se assustaram e voaram.

Rimos muito juntas. Como é bom ter uma amiga. Nunca nos separaremos.

***

Naquele exato dia, mal sabíamos que nossas vidas estavam prestes a mudar completamente. Nunca imaginei que o fato de eu ser judia iria impedir nossa amizade. Eu frequentava a sinagoga enquanto Olga e sua família iam à catedral, mas nunca me dei conta de que isso fosse algo que nos diferenciasse tanto. Com o tempo e os eventos que se sucederam, ficou claro que daqui em diante não haveria mais paz para nós, judeus. Tudo começou em 15 de março de 1939, dia do meu aniversário.

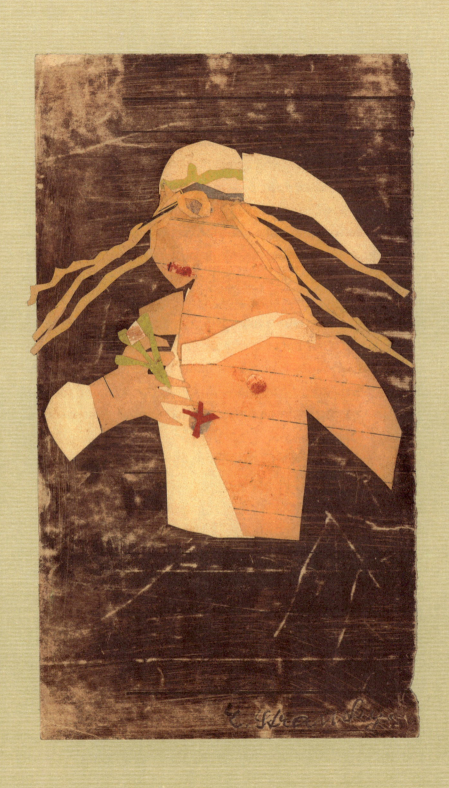

talvez aqui não seja tão maravilhoso assim

I.

Eu ainda era um garoto, mas me lembro bem de quando papai começou a conversar com mamãe e com tio Adam, o irmão de mamãe, sobre algumas movimentações estranhas que estavam acontecendo na Alemanha e na Áustria. Eu não fazia a menor ideia sobre o que eles falavam, afinal de contas, nada havia mudado em Praga.

— Bedřich, preste atenção, coisas estão acontecendo no mundo — dizia papai, meio sem paciência, quando eu parecia distraído e não interessado por toda essa situação.

Mais tarde, soube maiores detalhes sobre aquela fatídica noite, conhecida como a "**Noite dos Cristais**", que tanto preocupou papai anos atrás. A Noite dos Cristais foi um marco para os judeus europeus e um prenúncio da perseguição que já começara. Na madrugada de 9 de novembro de 1938, turbas de nazistas reuniram-se e marcharam aos berros por todo o *Reich* alemão. Sinagogas e propriedades particulares pertencentes a judeus foram invadidas, queimadas ou destruídas e cerca de 30.000 judeus foram presos e enviados a campos de concentração. Na manhã seguinte, casas e lojas encontravam-se pichadas com suásticas e

Noite dos Cristais também ficou conhecida como "Noite dos Vidros Quebrados", devido aos vidros de vitrines de lojas, sinagogas e moradias de judeus que foram estilhaçados.

inscrições tais como "Fora judeus". O medo e o desespero tomaram conta de todos. A Noite dos Cristais foi um aviso em claro e alto som das coisas que recairiam sobre os judeus da Europa. Mesmo assim, muitos não acreditaram que algo pior pudesse acontecer, inclusive minha família.

Famílias inteiras se amontoavam nos sótãos em estado de choque, rezando durante a noite para que tudo aquilo terminasse logo, enquanto ouviam os nazistas destruírem portas, janelas, móveis e objetos pessoais. Foi realmente assustador.

Naquela época, eu não poderia imaginar que aquilo mudaria o curso de minha vida — de nossas vidas — para sempre. Tio Adam tinha um mau pressentimento daquela situação, mesmo papai não acreditando que seria possível uma nova guerra na Europa, principalmente por terem se passado poucos anos desde o término da Primeira Guerra Mundial, que deixou marcas profundas em vários países, principalmente na Alemanha.

Se eu pudesse voltar no tempo, gritaria aos quatro cantos para que todos fugissem da Europa, pois algo terrível estava prestes a acontecer. Talvez ninguém acreditasse em mim, assim como não acreditaram em Noé quando construiu a arca: "Só um louco construiria uma arca gigantesca sem nenhum sinal de chuva" — aposto que muitos pensaram. E choveu.

Apesar das notícias preocupantes, até aquele momento tudo parecia normal em Praga: papai continuava atendendo em seu consultório, fazendo suas rezas e indo à sinagoga, mamãe passava o dia entretida com os afazeres do lar, meu irmãozinho Josífek, de quatro anos, encantava-se com os mais simples brinquedos e brincadeiras e meu irmão mais velho, Pavel, de dezoito anos, ajudava papai no consultório e fazia planos de se casar com Miriam e ser advogado. E eu sonhava em ser médico e salvar vidas, ou trazê-las ao mundo como papai, que era obstetra.

II.

Morávamos no segundo andar de um prédio de classe média, no centro de Praga. Eu frequentava uma escola relativamente pequena que ficava próxima a minha casa e simplesmente amava tudo relacionado a ela: os colegas, os professores, as atividades, os livros, o barulho do giz riscando a lousa...

Meu pai era um homem muito religioso e tinha um coração generoso. As pessoas o procuravam com os mais diversos problemas:

— Benjamin, pode me ajudar a carregar os móveis? Estou me mudando para o apartamento vizinho.

Papai nunca se negava a ajudar ninguém. Ele era um homem bom. Muitas vezes vi papai pegar parte da comida de nossos armários e dividir com quem não tinha nada para comer.

Todos os anos comemorávamos a festa do *Purim*, no dia 14 do mês judaico de Adar, geralmente em fevereiro ou março. Durante as comemorações, recordávamos a história da rainha Esther e de como ela, seguindo as orientações de seu primo Mardoqueu, intercedeu junto ao rei da Pérsia a favor dos judeus. Durante a festa do *Purim*, papai fazia a leitura do livro de Esther, depois nos reuníamos com mais uma ou duas famílias de nossa comunidade e festejávamos com uma mesa farta de comida e bebida.

No *Shabat*, que começa ao pôr do sol da sexta e termina ao pôr do sol do sábado, nem mamãe nem papai trabalhavam. Íamos a pé à sinagoga, que ficava no Bairro Judaico, cerca de 10 minutos de nossa casa. Meus pais estudavam os livros sagrados, ofereciam rezas e depois passeávamos pelo parque, próximo dali.

O fato de grande parte de meus colegas de classe não frequentarem a sinagoga nunca foi um problema para mim, até aquele dia. O dia que mudaria para sempre nossas vidas.

III.

Havíamos acabado de comemorar a festa do *Purim* e eu dormia profundamente depois de muita música e comilança. Era quarta-feira, 15 de março de 1939. O relógio marcava 6:30 da manhã quando papai abriu a porta do meu quarto de forma abrupta e acordei imediatamente. Dei um pulo na cama, muito assustado. Papai estava pálido. Ele ficou me olhando por algum tempo e então perguntei o que havia acontecido.

— Venha até a sala, Bedřich. Você precisa ver isso.

Quando entrei na sala, ainda meio atordoado por ter acordado repentinamente, vi minha mãe e meu irmão mais velho recostados à janela, observando algo nas ruas atentamente. Da janela de nossa sala podíamos avistar uma das principais avenidas de Praga.

A luz do sol iluminava o rosto de minha mãe, que parecia ter visto um fantasma. Ao me aproximar, vi uma cena incomum. Essa imagem ainda habita minha mente. Inumeráveis colunas de motocicletas e carros do exército alemão desfilando por Praga. Ainda me lembro do barulho das motocicletas — *drrrrrr — drrrrrr — drrrrrr.* Tudo parecia muito ameaçador. Sim, os alemães haviam atravessado a fronteira da Tchecoslováquia e invadido nossa linda cidade. Vi também muitos soldados alemães e cidadãos tchecos que os saudavam de forma entusiástica.

Percebi que minha mãe estava tremendo. Ela não conseguiu dizer uma palavra, apenas observava tudo com um olhar aterrorizado.

— Mãe, o que esses soldados estão fazendo aqui? O que está acontecendo? — perguntou Pavel.

Ela não respondeu. Dirigi-me a meu pai e refiz a pergunta de Pavel. Lembro-me de que ele disse algo do tipo: "De agora em diante as coisas vão mudar." Papai estava apreensivo. Nesse momento, tio Adam chegou. Ele havia deixado tia Irene e Hannah em casa. Ele e papai conversaram sobre tudo o que estava acontecendo, as coisas que haviam acompanhado pelo rádio e que, agora, tornavam-se realidade para nós: os nazistas ocuparam a Tchecoslováquia e não havia nada que pudéssemos fazer.

Mais tarde, descobrimos que Adolf Hitler, chanceler da Alemanha, havia descumprido o acordo assinado entre os líderes das maiores potências da Europa — Alemanha, Grã-Bretanha, França e Itália —, em 29 de setembro de 1938, na cidade alemã de Munique. Por esse acordo, foi concedida à Alemanha os Sudetos, região localizada na fronteira da Tchecoslováquia com a Alemanha, onde mais de três milhões de alemães viviam e estavam em constante conflito com os tchecos. Desrespeitando sua parte no tratado,

Hitler invadiu o restante da Tchecoslováquia. Depois da invasão, nosso país passou a ser chamado pelos alemães de Protetorado da Boêmia e Morávia e seus habitantes, principalmente os judeus, passaram a sentir o peso da intolerância nazista. Depois do dia 15 de março de 1939, não presenciamos mais nenhum dia normal. Nossa vida virou de cabeça para baixo.

IV.

Tio Adam pediu à mamãe para nos levar à sua casa, Josífek e eu. Ele percebeu que meus pais precisavam conversar sem crianças por perto, para falar livremente sobre o que estava acontecendo.

— Não sou mais criança — retruquei de forma determinada —, já tenho 11 anos — eu disse, na tentativa de participar dessa "reunião" e entender o que estava acontecendo. Mas não fui ouvido. E até entendi a razão. Era uma situação única, tinha que deixar os adultos discutirem sem interferências.

No caminho, cruzei com muitas pessoas e vi o mesmo desespero de meus pais em seus rostos. O clima era de medo e incerteza para alguns e de entusiasmo para outros.

No dia seguinte, na escola, as conversas, as risadas e o alvoroço foram substituídos por um silêncio perturbador. Não conseguimos ter uma boa aula. Os alunos estavam distraídos e nossa professora se mostrou muito ansiosa. Não pude prestar atenção em nada. Creio que ninguém pôde.

Apesar de tudo, voltei para casa com uma ponta de esperança. Queria desesperadamente acreditar que tudo iria dar certo. Essa esperança desintegrou-se mais tarde, naquele mesmo dia, à noite.

Soubemos que muitas pessoas haviam sido presas depois da chegada dos nazistas. Os comentários eram os piores possíveis. Papai se reuniu com alguns membros da comunidade judaica. Estavam todos assustados, ninguém sabia o que fazer, como proceder. Todos tinham fé de que as coisas se resolveriam e que, por um milagre, em breve os nazistas iriam embora. Mas, para o nosso desespero, eles ficaram.

Os dias se passaram e nossa vida foi se transformando. Papai tinha esperanças de que logo os nazistas voltariam à Alemanha e permanecemos em nossa casa, em nosso país.

Lembro-me com pavor da primeira vez que vi, a caminho da escola, uma placa com a inscrição "Judeus não são permitidos", na entrada de um parque. Aquilo paralisou meu corpo e minha alma. Por ser judeu, não poderia mais frequentar o parque. Como isso era possível?

V.

A caminho do trabalho, meu pai era xingado e ameaçado constantemente. Tínhamos que atravessar a rua ou sair da calçada caso um nazista aparecesse em nossa frente. Papai suportava tudo pacientemente.

Tio Adam não era tão paciente assim, também não acreditava que aquilo pudesse acabar rapidamente. Ele conseguiu documentos falsos e foi embora do país antes de junho daquele mesmo ano, quando as coisas ficaram ainda mais complicadas, juntamente com tia Irene e minha prima Hannah. Lembro-me de papai discutindo com ele na cozinha de nosso apartamento:

— Me ouça Benjamin, precisamos partir. *Se não agora, quando?* — disse meu tio enfaticamente.

Tio Adam explicou que as coisas só iriam piorar e que, se papai quisesse, conseguiria documentos falsos para nós também. Mas meu pai era muito cabeça dura e rejeitou a oferta.

Mamãe sofreu bastante com a partida de meu tio e sua família, mas concordava que fugir era a melhor opção. Talvez tivessem uma chance...

A ocupação nazista desencadeou um êxodo em massa. Entre março e maio de 1939, milhares de pessoas deixaram o país, muitas por meios ilegais, como tio Adam. Em setembro daquele mesmo ano, quando Hitler invadiu a Polônia, a Grã-Bretanha e a França declararam guerra à Alemanha. A Segunda Guerra Mundial estourou, só então nos demos conta de que nosso pesadelo estava apenas começando.

VI.

O cerco foi se apertando e, a cada dia, ficava mais e mais difícil viver sob domínio nazista. Descobrimos, alguns meses depois, que um dos melhores amigos de papai havia desaparecido. As pessoas estavam sumindo repentinamente, sendo presas, interrogadas. O medo percorria todo meu corpo, estava na mente, nos olhos, no estômago, na pele. Eu sentia medo o tempo todo. Estávamos no próprio inferno e Hitler era seu comandante supremo.

Em 21 de junho, os nazistas introduziram no Protetorado da Boêmia e Morávia as Leis Raciais de Nuremberg, política antijudaica que excluía os indesejáveis, como nós, dos locais públicos. Essas leis também determinavam quem era ou não "ariano", ou seja, quem possuía ou não pureza racial, e nós, judeus, de acordo com os nazistas, definitivamente não a possuíamos.

Na escola, o clima era de apreensão. Nas ruas, havia hostilidade e intolerância. Todos se perguntavam: o que virá agora?

Com as Leis de Nuremberg, vieram inúmeros decretos. Os judeus foram proibidos de se reunir em grupos e de possuir um rádio. Aqueles que desobedecessem pagariam com a própria vida. Em *Yom Kippur*, o maior feriado judaico, os nazistas confiscaram todos os rádios de ondas curtas. Papai ficou arrasado. Ele adorava seu velho rádio. Era sua forma de manter contato com o mundo e seu principal entretenimento. Papai entregou seu tesouro com muito pesar. Nesse dia, vi meu pai ficar cabisbaixo até a hora de dormir. Quem possuía equipamentos fotográficos, máquinas de escrever, discos, botas de esqui, casacos de pele ou lã, entre outros itens, também precisou entregar tudo aos nazistas.

No início do ano de 1940, um decreto proibiu judeus de frequentarem teatros, cinemas e parques públicos. As placas com proibições foram se multiplicando. Agora elas também estavam em lojas, restaurantes, prédios públicos, bondes, cafeterias etc. Foi adicionado um aviso aos cardápios de todos os restaurantes, impresso em letras grandes, para que ninguém deixasse de ler: "Judeus não são permitidos."

VII.

Depois que tio Adam foi embora, vovó ficou muito doente. Ela sentia muita falta de meus tios e da pequena Hannah. Trouxemos vovó para morar conosco, mas ela não apresentou melhoras. Quanto mais nossa situação se complicava, pior vovó ficava. Acho que a gota d'água foi a proibição imposta aos profissionais liberais judeus: meu pai não podia mais atuar como médico, ou seja, não tinha mais emprego e nem meios de sustentar a família.

Cheguei da escola e notei que papai estava sentado no sofá. Ele nunca estava em casa nesse horário. Mamãe me contou o que havia acontecido.

— Estamos ficando sem saída — eu disse, com a voz embargada.

As empresas que pertenciam a judeus haviam sido fechadas e agora nenhum judeu poderia ser contratado. Isso nada mais era do que uma sentença de morte: sem recursos financeiros ou meios de consegui-los, morreríamos de fome.

Estávamos proibidos de comprar sabão, maçãs, legumes, queijo, cebolas, peixe, laranjas, tangerinas, mel, entre muitas outras coisas. Acostumamo-nos a comer menos e comida barata, como pão sem manteiga e batatas. Sentíamos fome o dia todo porque a quantidade estipulada pelos nazistas nas cadernetas de racionamento era completamente insuficiente.

Poucas semanas depois de papai ficar sem trabalho, vovó faleceu. Estávamos em fevereiro de 1940 e mamãe ficou inconsolável. Por ver nossa situação, vovó passou a se recusar a comer. Ela faleceu sentada à mesa, enquanto repartíamos algumas batatas. Ela simplesmente abaixou a cabeça, fechou os olhos e parou de respirar.

VIII.

Em março desse mesmo ano, nós, judeus, fomos obrigados a comparecer à polícia. Eles acrescentaram a letra "J" a nossos documentos de identidade. Isso atingiu a todos: judeus praticantes de sua religião e também aqueles que haviam se convertido a outras religiões. Agora estávamos oficialmente marcados.

Setembro de 1940.

Alguns judeus teriam que se mudar para apartamentos menores, já ocupados por famílias judias, e ceder seus próprios apartamentos para os alemães. A comunidade ficou histérica.

— Mudar-se? Morar com uma família estranha? Como seria possível? Entregar a própria casa para os alemães? — perguntavam-se.

Tudo parecia absurdo e impossível, mas sempre nos adaptávamos e nos acostumávamos com mais um fardo a carregar. Mudamos para um apartamento menor, onde já vivia outra família.

A partir de dezembro, não podíamos mais caminhar por determinadas ruas, elas estavam proibidas para nós. E assim passamos pelos próximos meses, com mais e mais restrições.

IX.

Por mais que tivesse plena consciência de nossa situação, eu acreditava ser impossível que as coisas piorassem, até receber a notícia de mais um decreto promulgado pelos nazistas: a partir de 19 de setembro de 1941, todo judeu acima de seis anos de idade teria que usar uma estrela amarela, a Estrela de Davi, com a inscrição JUDE (judeu) em preto, costurada à roupa, sempre que saísse de casa. A penalidade para o descumprimento dessa lei era a morte.

Eu não conseguia acreditar nisso. Já não nos bastava o olhar acusador dos vizinhos que conheciam nossos hábitos, nossa religião, agora toda a cidade poderia nos distinguir dos outros, todo mundo saberia que somos judeus e, assim como os nazistas, todos nos odiariam também.

Relutei uma semana para sair de casa. Faltei à escola. Eu não tinha coragem de sair com aquela estrela amarela sabendo que todos me olhariam. Era como sair de casa nu. Mas, depois de muita insistência por parte de minha mãe e porque eu não suportava mais ficar longe da escola, saí de casa.

O sentimento foi terrível, o pior possível. Todos, sem exceção, me olhavam. Alguns de forma indiferente e outros com ódio. Na escola, as crianças praticamente tinham nojo de todos que usavam a estrela amarela. Éramos, judeus, apenas três em nossa classe: eu, Hanuš e Eva. Fomos obrigados a nos sentar em bancos separados do restante da turma. Não nos era mais permitido ficar com os outros alunos e nem eles queriam ficar conosco. Os observávamos com certa inveja: queríamos apenas ser tratados da mesma forma, apenas isso. Mas o preconceito é como uma faca de lâmina muito afiada que penetra até o fundo da alma. E eu estava ferido.

Naquela época, eu já sabia que os nazistas nos odiavam e isso era algo que não compreendia. Eu era apenas um adolescente, uma criança. Como eles podiam me odiar? Nos odiar? Eles nem nos conheciam! Mas a propaganda nazista havia nos transformado em monstros. Nas escolas, até as crianças menores foram ensinadas a nos odiar.

Em outubro desse mesmo ano, os nazistas fecharam todas as sinagogas. Nem rezar em comunidade podíamos mais. Agora, imigrar para um outro país tornou-se terminantemente proibido. Não tínhamos como escapar, aquele seria definitivamente nosso destino.

X.

Em um dos últimos dias que frequentei a escola, fui abordado no caminho por um grupo de meninos um pouco mais velhos do que eu. Eles olharam fixamente para minha estrela amarela, cuspiram nela e depois me xingaram de coisas horríveis. Voltei para casa e chorei no colo de minha mãe, ainda bastante assustado. Me senti muito vulnerável.

Eles não nos querem por perto, definitivamente. Agora, nós, crianças e adolescentes judeus, não somos mais permitidos nas escolas tchecas: fomos expulsos. Em 27 de julho de 1942, as aulas para crianças judias foram terminantemente proibidas em todo o protetorado. Percebi que, aos poucos, aquela situação estava tirando tudo de nós: a convivência com meus tios e minha prima, que haviam partido, minha avó, o emprego de papai, a escola, meus amigos, nossa dignidade. Éramos vistos e tratados como ratos, uma *peste* a ser exterminada.

Para lidar com esse problema, em todo o Protetorado foram organizadas aulas particulares para judeus. Já que os nazistas haviam arrancado de nós o direito à escola, passamos a ser ensinados em casa. Eles podiam nos privar de escolas, mas nunca da educação.

Não era a mesma coisa, não tínhamos horário no pátio, nem lousa, nem carteiras, nem uma sala repleta de alunos. Éramos um grupo de oito pessoas, todos da mesma região de Praga, sendo instruídos de forma improvisada e clandestina em nossas próprias casas: um dia tínhamos aula em nosso apartamento, em outro na casa de Hanuš, e assim por diante. Quem nos ensinava era a Sra. Eva Bulová, uma velha amiga da mãe de Jiří, um dos meninos que frequentavam as classes conosco. Ela era professora aposentada de uma das escolas públicas de Praga. Era uma mulher enérgica e muito disciplinada, atenciosa e com grande talento para a profissão. Ela amava ensinar e isso nos motivava muito, mesmo estando longe da escola e de nossos professores.

Na verdade, o que eu mais sentia falta era da convivência diária com os colegas de classe, as conversas, os jogos. Eu sabia que era muito complicado para "não judeus" serem vistos publicamente com um judeu. Por mais que alguns poucos garotos ainda tivessem apreço por mim, era uma situação que gerava medo. Quem não teria?

Após as aulas clandestinas, eu cuidava de Josífek para que mamãe pudesse dar conta dos afazeres domésticos. Inventava jogos e brincadeiras, improvisava brinquedos com caixinhas de fósforo e restos de tecido. Nessa interação com meu irmãozinho, percebi que crianças não deixam de ser crianças, apesar da situação. Elas continuam com as mesmas necessidades e desejos. Por isso, de vez em quando, papai tratava de conseguir uma pera ou maçã para Josífek, verdadeiros tesouros em tempos de guerra.

Eu também não havia deixado de ser um adolescente, apesar da guerra. Mesmo sentindo saudades de frequentar a escola e outros locais públicos, era muito mais confortável não precisar "desfilar" de estrela amarela pelas ruas de Praga. Nosso apartamento era um refúgio e eu me sentia mais seguro lá.

Tendo aulas em minha própria casa ou no apartamento de algum vizinho, eu não me sentia mais estrangeiro em meu próprio país, um estranho no ninho, como diziam as amigas de minha mãe. O sentimento de falta de pertencimento, de não ser desejado no seu lugar de origem é um dos piores que um ser humano pode experimentar.

XI.

As ordens e proibições nunca acabavam. Em agosto de 1942, nós, judeus, fomos terminantemente proibidos de comprar carne, ovos, pães e leite. A compra de leite só era permitida a pais de crianças com menos de seis anos. Também fomos proibidos de comprar jornais, mas isso não nos afligiu, mal tínhamos dinheiro para a comida, o jornal era artigo de luxo!

Não podíamos mais usar bibliotecas públicas e outras restrições foram impostas em viagens pela ferrovia, pelos bondes e outros meios de transporte. Em dezembro de 1942, foram afixados impostos para os judeus. Lembro-me de papai recebendo essa notícia. Ele riu. Fazia tempo que papai não ria. Ele comentou com mamãe:

— Ruth, agora eles querem que paguemos impostos por sermos judeus... Mal consigo sustentar minha família, como pagaremos impostos?

Papai sabia que nossas poucas reservas durariam por apenas um tempo, depois, quem sabe o que seria de nós.... Papai andava pelas ruas de Praga procurando ocupações, pequenos trabalhos clandestinos, longe das vistas dos alemães, qualquer coisa que ele pudesse trocar por comida. Fazia alguns "bicos" em nossa comunidade. Além de um excelente médico, papai era um homem habilidoso, ele sabia fazer muitas coisas e isso garantia, bem ou mal, um pouco mais de comida, além de nossas míseras rações.

Nas ruas, as prisões eram constantes. A Gestapo, Polícia Secreta do Estado Alemão, controlava tudo. Seus homens espalhavam terror e medo. Tínhamos um toque de recolher. Após as 20 horas, nenhum judeu podia sair de casa sem ser preso ou espancado.

XII.

Ansiávamos por compreender aquela situação, mas, quanto mais os dias se passavam, mais e mais incoerente e doentio tudo parecia. Era simplesmente impossível conviver com aquilo sem esperar enlouquecer. Como eu era jovem, algumas coisas tinham um "ar de aventura" para mim: ser preso, sair às escondidas, andar pelas ruas à procura de cascas de batatas. Creio que porque tudo o que era clandestino ou proibido alimentava meu espírito heroico... Que tolice! Hoje compreendo tão bem o olhar aterrorizado que minha mãe carregava dia e noite. Demorei um pouco para entender a seriedade do que estávamos vivendo. Não fazia sentido um mundo tão desigual.

Essa situação caótica se mesclava aos meus sonhos, aos planos para o futuro e à minha mente fértil. Eu me imaginava lutando contra os nazistas, vencendo a guerra, sendo condecorado como herói. Tinha mil pensamentos, ideias, fantasias. Tudo isso misturado ao medo, à raiva, à solidão e ao desejo de sobreviver. Não queria partir de Praga. Queria que tudo voltasse a ser como era antes. Queria voltar para a escola, comer compotas de frutas, coisas banais, mas que naquele momento revestiam-se de grande significado para cada um de nós, perseguidos e odiados pelo Partido Nacional Socialista.

XIII.

Desde o final de 1941, um burburinho sobre "convocações" veio aterrorizar a população judaica. Em outubro desse ano, o primeiro transporte de judeus partiu de Praga em direção ao

gueto de Lodz. Em novembro, duas remessas de trabalhadores, o *Aufbaukommando*, foram enviadas a uma antiga cidade-fortaleza próxima a Praga. Sua missão era prepará-la para receber as milhares de pessoas que para lá seriam enviadas.

Gueto de Lodz

Tropas alemãs ocuparam a cidade de Lodz, na Polônia, em 1939, e lá criaram um gueto local, em fevereiro de 1940. Em uma área com cerca de 3.885 quilômetros quadrados, concentraram mais de 150.000 pessoas, entre judeus e ciganos. O gueto apresentava superlotação e fome. Entre janeiro e setembro de 1942, mais de 75.000 judeus foram deportados de Lodz para o campo de extermínio de Chelmno, também na Polônia. Durante o verão de 1944, os nazistas deportaram os judeus remanescentes no gueto. A maior parte deles foi friamente assassinada em Auschwitz. Algumas poucas pessoas, entre elas crianças, sobreviveram ao gueto e puderam prestar testemunho de tudo o que lá aconteceu.

A família de Jiří havia sido convocada. Sua mãe estava em estado de choque. Lembro de ir com minha mãe até o apartamento deles. A mãe de Jiří chorava compulsivamente. Minha mãe tentou acalmá-la, mas sem sucesso. Ajudamos Jiří e seu pai a arrumarem as malas. Era difícil selecionar o que levar, o que seria mais importante para sobreviver. Em minha mente, volto a essa cena, a esse dia, como num sonho. Me imagino, hoje, anos depois, pensando no que levar para uma viagem sem volta. É difícil decidir entre as velas e o pão, as roupas e os calçados.

A cada indivíduo era permitido levar 50 quilos apenas. Como as pessoas não sabiam quanto tempo ficariam fora nem o que encontrariam no novo local de moradia, tudo parecia prioritário, de uma caixa de fósforos a um estojo de maquiagem.

Às vezes sentia o desejo de ser logo convocado, para que a angústia que sentia tivesse fim. E, então, o nosso dia chegou. Papai foi o primeiro a receber a notícia. Quando voltou para casa, ele demorou cerca de duas horas até criar coragem de nos contar. Mamãe começou imediatamente a arrumar as malas. Ela colocava e tirava coisas das sacolas sem parar. Estava indecisa e ansiosa, não sabia ao certo o que levar. Tinha sido bem mais fácil decidir pela família de Jiří, mas por nossa própria família parecia quase impossível. Tínhamos poucos dias para nos apresentar.

arrumem as malas, vamos partir

I.

— Chegou o momento, Dora — disse mamãe.

Saímos a pé, eu, mamãe e minha irmãzinha de seis anos de idade, Erika, de nosso pequeno apartamento em Prosek, Distrito de Praga 9, com tudo o que podíamos carregar, limitado a 50 quilos por pessoa. Já era perto do meio-dia. Nunca vou esquecer esta data: 30 de novembro de 1942. Mamãe foi reclamando o caminho todo. Dizia que poderíamos estar em outro país, vivendo em paz, se tivéssemos tido a oportunidade de emigrar. Eu estava confiante de que tudo aquilo iria em breve acabar e, magicamente, estaríamos em casa, sãs e salvas, como num conto de fadas em que tudo fica bem no final.

Antes da ocupação nazista, vivíamos de forma bastante modesta, contando os centavos no fim do mês. Meu pai havia falecido há alguns anos e mamãe batalhava sozinha para sustentar a casa, enquanto eu me dividia entre a escola, os afazeres domésticos e os cuidados com Erika. Mamãe costurava roupas em uma velha máquina, dia e noite. Não fazíamos muitos passeios ou viagens. Eu tinha tudo o que precisava, mas nada do que queria.

Desde que os nazistas invadiram a Tchecoslováquia, a coisa ficou ainda pior. Minha mãe foi gradualmente perdendo seus clientes. A clientela judaica não tinha dinheiro para comprar roupas, pois os homens foram perdendo seus negócios e empregos, e os não judeus eram proibidos de comercializar conosco. Estávamos fadadas a sobreviver apenas de nossos cartões de racionamento.

Eu era sonhadora, ah, sim, até demais. Sonhava com belas e glamourosas roupas, com um príncipe encantado, com bailes de gala, em morar no Castelo de Praga. Eu queria encontrar o amor da minha vida, me casar, ter vários filhos e ser feliz para sempre.

— Acorde, Dora, está sonhando acordada de novo?! — Era o que eu ouvia de mamãe com frequência.

II.

Descemos as escadas e as ruas estavam desertas. Aqui e ali apenas um ou outro operário apressado. Alguns nos olhavam com solidariedade, outros com satisfação e alegria. Aos poucos, as janelas de nosso apartamento ficaram mais e mais distantes, até desaparecerem na paisagem.

Adentramos a rua principal que nos levaria ao Palácio do Comércio, local onde deveríamos nos apresentar. Estávamos, todos que se dirigiam ao Palácio, em um desfile esquisito: cidadãos com seus direitos negados, perseguidos, odiados, caminhando para o desconhecido. Cada pessoa tinha um número de transporte marcado em alguma peça da bagagem.

Chegamos ao Palácio e nos juntamos à fila que atravessava os portões. De lá, partiríamos para algum lugar e não sabíamos bem para onde. No caminho, ousei levantar a cabeça e, ao olhar à direita, vi Elizabeth, minha querida amiga, e sua mãe, entre as muitas pessoas que nos observavam. Seus olhos estavam marejados de lágrimas. Obviamente, elas não podiam fazer nada para mudar aquela situação, caso contrário se juntariam a nós. Olhei atentamente em seus olhos e vi muita tristeza. Elas nos conheciam, sabiam que não éramos pessoas más. Naquele momento pensei se veria Elizabeth novamente.

Além de Elizabeth e sua mãe, muitos outros nos encaravam, não com tristeza, mas com satisfação, como quem varre a imundice para fora da própria casa. Essas pessoas, cidadãos de Praga como nós, nos dirigiam olhares altivos, presunçosos, carregados de orgulho e, infelizmente, o orgulho é desprovido de piedade. Olhavam-nos de cima a baixo, mas não se importavam com nossa situação. Observavam aquela multidão sendo levada à fortaleza. Será que sabiam que caminhávamos para a morte?

III.

Aos poucos, todas as famílias tcheco-judias foram convocadas a partirem em transportes que as levariam a uma antiga cidade-fortaleza conhecida como Terezín, onde, teoricamente, estariam protegidas. Além da deportação compulsória, essas famílias tiveram seus bens confiscados pelos nazistas.

Sinceramente, ninguém acreditou que estaríamos protegidos em lugar algum se estivéssemos sob domínio nazista. Como se sentir seguro sendo protegido pelo próprio inimigo? Mas a situação em Praga estava tão carregada, insuportável, como uma bomba prestes a explodir, que senti um certo conforto em saber que sairíamos daquele lugar. O lugar de meu nascimento, de todas as minhas memórias, minha cidade natal e de minha mãe. Infelizmente aquilo já não nos pertencia mais. Estávamos sendo, pouco a pouco, destituídos de todos os nossos direitos, expulsos de nosso lar. Talvez encontrássemos paz e alegria em outro lugar, nessa tal fortaleza chamada Terezín.

IV.

Lembro-me claramente da primeira vez que ouvi este nome: Terezín. Soou-me agradável e imaginei que, talvez, fosse um lugar onde teríamos uma vida melhor do que aquela que vivíamos em Praga.

Dia após dia, assistíamos a nossos vizinhos e amigos serem deportados. Nas ruas, nos bondes, encontrávamos pessoas chorando, agarradas umas às outras e agradecíamos por nossa hora ainda não ter chegado.

Parecia que um furacão havia passado nos apartamentos: preparavam-se malas, mochilas e bolsas de viagem com roupas de inverno, sapatos, pães, remédios, estojos de primeiros socorros, álcool, fósforos, sacos de dormir, velas etc.

As pessoas se preparavam para o lugar que conheciam apenas pelo nome: Terezín. Ninguém havia retornado de lá para nos contar o que encontraríamos. A cada convocação, minha mãe suplicava que permanecêssemos em casa. Essa situação se arrastou por vários meses. Íamos suportando, na esperança de que a guerra acabasse antes de chegar nossa vez.

V.

Esse período foi muito difícil para nossa família. Sentíamos medo e tristeza por ver tantas pessoas próximas partirem.

Antes da expulsão das crianças das escolas tchecas, os rumores sobre as convocações já eram uma realidade. Esperei pacientemente o intervalo para conversar com Elizabeth sobre esse assunto. Sabia que ela poderia acalmar meu coração.

Elizabeth tinha a pele branca como a neve, os cabelos escuros e olhos azuis que podiam ser notados à distância. Ela amava ler. Lembro-me de sentar-me ao seu lado depois da aula só para ouvi-la contar as histórias fantásticas que havia encontrado nos mais diferentes livros. Seu pai era vendedor em uma antiga e tradicional livraria de Praga e a presenteava constantemente com livros de aventura, romance e ficção científica. Suas conversas tinham outro nível: ela falava da sua própria vida como se estivesse narrando as aventuras de uma personagem de suas histórias favoritas. Seu sonho era ser escritora. Tinha certeza de que ela conseguiria e seria uma escritora muito famosa. Certa vez, saímos da biblioteca da escola e, debaixo de uma árvore enorme que nos cobria com sua sombra acolhedora, prometi a Elizabeth que estaria presente quando ela ganhasse seu primeiro prêmio como escritora. Disse que estaria na primeira fila e a aplaudiria de pé. Acho que essa foi a primeira promessa sincera que fiz na minha vida, a primeira promessa que me empenharia para cumprir, a qualquer custo.

Elizabeth também escrevia poemas. Quando eu estava triste, ela sempre escrevia um poema para me animar. Ela era uma amiga querida.

No dia da invasão alemã, Elizabeth percebeu meu desconforto. Ela sabia que os nazistas não gostavam dos judeus e que algo ruim poderia acontecer comigo e com minha família. No final da aula, antes de sairmos pelo portão da escola e voltarmos para casa, Elizabeth me entregou um pedaço de papel. Nele havia um poema bem curto. Esse e outros tesouros estão guardados em uma pequena caixa de metal que carreguei comigo nos anos de guerra.

Nela, guardei os poemas de minha amiga de infância e alguns desenhos que fiz. Não contei isso a vocês, mas sou ótima desenhista.

"Os ventos sopram e balançam as árvores
Estas podem pender e até cair
Mas tu, conserva-te firme
Sem nunca desistir"
(Da sua Elizabeth. Março de 1939)

Alguns conhecidos contaram para a mãe de Elizabeth sobre nossa convocação. Ela veio imediatamente, junto com a filha. Estavam extremamente tristes. Era possível ver isso em seus olhos. Ivana ajudou mamãe a pensar e a se organizar melhor. Sua companhia e amizade a acalmou um pouco. Juntas, mamãe e Ivana organizaram nossos pertences.

Não sabíamos o que levar pois nem imaginávamos o que iríamos encontrar em nosso futuro lar. Alguns diziam que essa situação duraria pouco tempo, outros que passaríamos vários invernos longe de casa. Era difícil decidir o que levar.

No dia seguinte, Elizabeth e sua família vieram se despedir de nós.

— Seja corajosa, Dora, não tenha medo. Tudo vai dar certo. Voltaremos a nos encontrar, você vai ver — ela me disse, com muita convicção.

Eu acreditava que muitas coisas poderiam simplesmente acontecer, se desejássemos com toda nossa força. Assenti com a cabeça, abracei minha amiga e, do fundo da minha alma e do meu coração, desejei vê-la novamente. Tínhamos um acordo, seríamos amigas por toda vida e ela se tornaria uma escritora famosa. Queria voltar para Praga e tornar esse sonho realidade.

VI.

Permanecemos em pé na fila até chegarmos a uma mesa enorme onde um oficial conferia nossos números de transporte. Em seguida, ele solicitou que procurássemos nossos lugares.

O Palácio do Comércio estava repleto de pessoas, judeus como nós. Observei alguns quadrados com mais ou menos dois metros de lado pintados no chão, na cor branca. Cada quadrado apresentava um número de transporte. Conforme as pessoas encontravam seu quadrado, despejavam sua bagagem nesse pequeno espaço.

Mamãe me chama:

— Encontrei nosso número, este é nosso lugar.

Havia pilhas e mais pilhas de colchões imundos espalhados pelo espaço. Deixamos a bagagem no nosso quadrado e pegamos três colchões empoeirados para nos sentar.

Mamãe está calada e minha irmãzinha Erika reclama de fome e cansaço. Mamãe retira de uma de suas bolsas um pequeno lanche e o entrega à Erika.

— Vamos economizar a comida, não sabemos quanto tempo ficaremos aqui — mamãe diz sabiamente.

Aos poucos, todos os quadrados vão sendo ocupados. Vejo algumas meninas conhecidas. Elas provavelmente partirão no mesmo transporte que nós, terão a mesma sorte.

VII.

Mamãe tenta improvisar um assento mais confortável porque já estamos aqui há algumas horas e Erika está muito impaciente.

Invento histórias e joguinhos para distraí-la, mas eu mesma estou exausta, afinal de contas, tenho apenas 14 anos.

Às dez e meia começaram a nos chamar pelo número para organizar o almoço. Cada pessoa recebeu um cupom e deve entrar em uma fila (outra!!). Consegui chegar à cozinha por volta das doze e meia. Não é bem uma cozinha, mas um espaço improvisado. Pela janelinha consigo ver alguns caldeirões. Um homem de cara muito fechada coloca duas batatas e um pouco de molho no meu prato e puxa abruptamente o cupom da minha mão. A comida era horrível.

O Palácio está abarrotado de pessoas. O edifício é imundo, repleto de poeira por toda parte, e tem um clima bastante sombrio: todos, sem exceção, estão a imaginar o que virá pela frente. Várias pessoas estão perdidas, sem encontrar seu número de transporte. Há barulho e muita confusão.

Dentro de mais algumas horas, começam a distribuir uma caneca de leite para as crianças. Como sou pequena, passo por alguém de menor idade e consigo uma porção juntamente com Erika. Para isso, tivemos de enfrentar outra fila interminável.

A noite chega, fria e incerta. Tentamos nos ajeitar e dormir em nosso pequeno quadrado. Somos três e nossas malas. Há pouco espaço. As pessoas falam ao nosso redor sem parar. É praticamente impossível dormir. Preciso ir ao banheiro. Vamos todas, mamãe não quer que eu vá sozinha. Estava curiosa para conhecer a *Latrine*, como chamamos aqui no Palácio, mas a curiosidade foi substituída por nojo intenso ao ver as condições precárias em que deveríamos fazer nossas necessidades. Tentei ser o mais rápida possível e voltar ao meu lugar. Busco uma posição confortável e, finalmente, durmo até o outro dia.

***

Seis da manhã e já estamos todos em pé. O barulho nos desperta do sono bem antes desse horário. As pessoas estão agitadas e isso é bastante compreensível. Todos arrumam suas "camas" e se dirigem ao "lavatório", um barracão com bancos e um caldeirão com água quente. Fazemos nossa higiene pessoal da forma como conseguimos. Mamãe dá um banho improvisado em Erika, que ficou bem suja com o pó dos colchões e do chão, e voltamos aos nossos lugares.

De repente, ouvimos uma voz que estremece todo o prédio: — *"Achtung!"* (Atenção!) E recebemos ordens de formar uma nova fila em direção aos escritórios. Ali depositamos todos os nossos pertences de valor que, no nosso caso, não são muitos: o anel de noivado que papai deu a mamãe, um pouco de dinheiro, nossas últimas economias, nossas cadernetas de racionamento e nossos documentos pessoais. Também tivemos de devolver as chaves do apartamento em que vivíamos com mais outras duas famílias.

A fila parecia interminável, mas nossa vez finalmente chegou perto do horário do almoço. Durante a tarde, observamos que os homens tiveram suas cabeças raspadas. Não temos um momento de paz aqui, muitas coisas vão acontecendo simultaneamente.

Novamente, o leite da tarde para as crianças. Já estamos aqui há quase dois dias e nada de sabermos quando nosso transporte irá partir. Os dias passam sempre do mesmo modo, lentamente.

VIII.

Terceiro dia. Partiremos: acordamos às cinco da manhã. Às seis começa o embarque. Temos uma hora para nos lavar, nos vestir, arrumar nossas bagagens e pegar o café da manhã. Erika está radiante. Ela não suporta mais viver em nosso quadrado. Também fico feliz, estava realmente difícil entretê-la com histórias, canções e brincadeiras. Meu repertório de histórias já havia sido repetido centenas de vezes e as histórias inventadas também já cansaram minha irmãzinha.

"Achtung! Achtung!" — gritam os nazistas. Todos os números até cinquenta devem embarcar agora! Nosso número é acima de quinhentos. Torço o nariz para o lado e penso em como isso ainda vai demorar.

Chega nossa vez. Ufa! Vamos todos juntos até o pátio e esperamos mais um pouco no lugar designado para nós. Somos centenas de pessoas. Todas com o mesmo destino.

Uma hora depois, somamos mil integrantes, o número exato que irá embarcar no transporte. Recebemos de um oficial algumas instruções sobre a viagem. Em seguida, ele continua dizendo que iremos para um outro local, começar uma nova vida, longe de perseguições. Que devemos preparar esse local para os demais que para lá irão. Ele também diz que devemos ser gratos por esse privilégio.

Mentiroso!

Esperamos do lado de fora do prédio as primeiras pessoas entrarem no trem. É inverno e estamos congelando. Agacho-me e abraço Erika. Mamãe está muito nervosa para se preocupar com o frio.

Por todos os lados há soldados nos vigiando. Também somos vigiados pela população tcheca que nos olha com curiosidade. Sinto-me num zoológico. "Bem que podiam alimentar os animais" — penso comigo mesma e solto uma risada sarcástica — "afinal de contas, estamos com fome". Não os culpo, adultos, jovens, crianças e idosos sendo conduzidos por dezenas de soldados é algo que não se vê todos os dias. Todos com a estrela amarela costurada à roupa.

Mamãe e eu estamos pouco preocupadas com esses olhares, já que coisas mais urgentes ocupam nossa mente: irão separar nossa família? Quanto tempo ficaremos lá? Teremos o que comer amanhã? Que lugar é este, Terezín? Será que um dia retornaremos a Praga?

Caminhamos até a estação de trem de Praga. Buscamos nossos assentos: estão todos marcados com os números de transporte. Guardamos a bagagem e esperamos a partida. Precisamos tirar os casacos porque há tantas pessoas aqui dentro que o ar quente nos sufoca. Erika pede para sentar no meu colo. Ela está com medo. Uma grande confusão se forma do lado de fora. Só ouvimos, não podemos ver porque as janelas estão fechadas e não é permitido abri-las. São muitas e muitas pessoas chegando, todas irão partir.

IX.

Todos estão em seus lugares e as portas dos vagões agora estão fechadas. Há um soldado armado nos degraus. Ele nos vigia desconfiado. Mamãe desembrulha um pedaço de pão e oferece a mim e à Erika. Ela aceita imediatamente. Está faminta novamente. Rejeito, apesar de também estar com fome.

Depois de muito tempo, nem sei quanto, o trem parte lentamente e me sinto aliviada por, enfim, poder sair daquele vagão em poucos minutos. Mal sabia eu que a viagem duraria horas. O trem fez diversas paradas. Não sei o porquê.

Fecho os olhos e me imagino em uma incrível viagem, rumo a um país distante e tropical, com praias e frutas exóticas. Quase sinto o calor do sol na minha pele e o gosto de algo que nunca provei. Como eu queria abrir os olhos e descobrir que nada daquilo estava acontecendo, que estávamos apenas em um passeio e logo voltaríamos para casa.

De repente, o trem parou. Dessa vez, parecia uma parada definitiva.

— *Achtung! Achtung!* — gritam novamente os homens da SS, adentrando nosso vagão. Levantamos rapidamente em posição de sentido. Ouvimos o som das botas percorrendo o vagão. Mamãe não tem coragem de levantar os olhos.

O SS mede os prisioneiros dos pés à cabeça. Sim, prisioneiros, é nisso em que seremos transformados assim que adentrarmos a fortaleza.

— Desçam agora — ele grita.

Em 4 de dezembro de 1942, o trem chega à estação Bohušovice, próxima a Terezín. Pegamos nossas bagagens e vestimos nossos casacos. Há muita confusão. A porta do vagão se abre e avistamos alguns caminhões e homens vestindo macacões, botas e casacos com capuz. Crianças e idosos devem subir nos caminhões, o restante irá seguir a pé.

Pego na mão de Erika. Vou com ela, isso é inegociável. Mamãe assente com a cabeça, dando-me carta branca para ficar com minha irmãzinha. Do caminhão, observamos mamãe à distância. Seus pés afundavam na lama. As bagagens são transportadas em carroças velhas que espirravam água suja por onde passavam. Minha mãe e as outras pessoas que vão a pé precisam caminhar cerca de 45 minutos até chegar à cidade de Terezín.

As crianças pequenas, assustadas e famintas, gritam sem parar ao serem separadas dos pais. Hitler, definitivamente, não gosta de crianças.

bem—vindos, vocês estão em Theresienstadt

I.

Passamos pelos portões do campo, que se fecham atrás de nós abruptamente. Agora não tem mais volta. Esse é um ponto de transição entre a vida livre e a prisão.

Na chegada, houve mais confusão: milhares de pessoas amontoadas na estrada que dá acesso ao campo. Os idosos, com suas roupas esfarrapadas, estão atordoados. Carroças com bagagens passando de lá para cá. Algumas trazem caixões. Uma cerca de madeira coberta por arame farpado separa o gueto da Pequena Fortaleza, onde vivem os SS. Nessa Pequena Fortaleza, estão encerrados milhares de antinazistas tchecos e alemães, prisioneiros de guerra tchecos e agentes ingleses.

A *Schleuse*, como se chama aqui, aparentemente é nossa etapa final de registro. Vejo diversas crianças chegando, algumas não sabem nem falar, devem ter dois ou três anos de idade. Elas carregam números de transporte presos ao pescoço, juntamente com a palavra alemã *Waisenkind* — órfão. Vieram de um orfanato em Praga, estão sozinhas no mundo.

Precisamos preencher nossos formulários de registro. Todos são interrogados sobre seus trabalhos anteriores e habilidades. Observo que a polícia do campo vasculha as malas e retira tudo o que é de valor.

— Helena, onde está seu relógio? — perguntou papai.

— Foi confiscado no Palácio do Comércio — respondi cabisbaixa. Não queria que papai soubesse, havia sido presente do meu aniversário de 11 anos. Agora já estou com 14 anos. Foram anos difíceis desde a ocupação nazista.

Quando finalmente chega nossa vez na fila, apresentamos nossos documentos de identificação e meu pai recebe sua atribuição: irá trabalhar para a indústria alemã no campo, na produção de guerra, por causa de sua experiência anterior como relojoeiro. Ele conhece bem mecanismos e máquinas.

Fui designada para o alojamento feminino. É assim que chamam os edifícios aqui, "alojamento". Fiquei aterrorizada. Vou ficar sozinha. Pela primeira vez estarei sem papai. A situação era tão angustiante que até desejei que minha madrasta estivesse aqui comigo, mesmo nós duas não nos dando muito bem. Por não ser judia, Sonja não havia sido convocada e pôde ficar em Praga. Ela se despediu de mim com lágrimas nos olhos. Talvez não fosse tão má assim.

Papai e eu somos primeiramente enviados ao alojamento Magdeburgo, onde passamos algumas noites antes de irmos para os nossos alojamentos. Para lá são enviados todos os que chegam, crianças, homens, mulheres e idosos. Ficamos todos juntos e amontoados por três dias.

II.

Terezín, chamada *Theresienstadt* pelos alemães, é uma cidade-fortaleza construída em 1780 pelo imperador romano-germânico e arquiduque da Áustria José II. A fortaleza recebeu esse nome em homenagem à sua mãe, a imperatriz Maria Theresa. Terezín está localizada 60 quilômetros ao noroeste de Praga e tinha como objetivo impedir as invasões do exército prussiano. Logo após a ocupação nazista na Tchecoslováquia, os 3.498 habitantes foram evacuados para a implantação do **gueto** pela Gestapo, em 10 de junho de 1940.

Gueto

Terezín também é designada como gueto, pois quando os judeus tchecos foram expulsos de suas casas, primeiramente tiveram de morar com outras famílias judias. Quando lhes foi dito que sairiam dessas casas para viverem em uma "colônia judaica", imaginaram que seria uma espécie de gueto, daí ter surgido a denominação. Em geral, os guetos foram áreas isoladas das cidades onde os judeus eram segregados. Durante a Segunda Guerra, um dos guetos mais conhecidos foi o de Varsóvia.

Terezín é uma fortaleza com altos muros. Por ficar próxima à malha ferroviária, possuir excelentes fortificações e organização racional, a cidade foi escolhida e transformada em campo de concentração para judeus e outras minorias do Protetorado da Boêmia e Morávia para que, posteriormente, pudessem ser enviados aos campos do leste europeu.

Terezín tem a forma geométrica de uma estrela de muitas pontas, com uma praça central, cercada por fileiras de árvores, ruas estreitas, casebres e diversas edificações militares. A fortaleza foi originalmente construída para acomodar até 7.000 soldados. Entretanto, durante a guerra, cerca de 60.000 pessoas viviam lá.

Ao entrarmos pelos portões, avistamos as primeiras casas da cidade. Olhos curiosos nos observam das janelas: aqui há pessoas que chegaram muito antes de nós. Elas se espremem e acenam, mas não podem sair dos alojamentos.

Estou exausta. Papai e eu caminhamos por ruas lamacentas por cerca de uma hora da estação até o campo. Nossos pés afundam, ficando cobertos até os tornozelos. Depois de apresentarmos os documentos de identificação, somos encaminhados até o edifício onde passaríamos a noite. Já é fim de tarde e o céu começa a ficar negro.

Subimos as escadas, acompanhados por várias outras pessoas. Não nos olhamos muito, estamos todos com medo. Entramos num quarto vazio e sentamo-nos no chão para descansar. Não temos bagagens e não sabemos o que vai acontecer conosco. Notei o rosto triste de uma garota à minha frente. Ela parecia mais nova do que eu.

— Cansada? — perguntei para quebrar o silêncio.

— Triste — ela respondeu.

— Entendo — eu disse —, mas se você permitir, posso fazer-lhe companhia — complementei.

— Meu nome é Helena, muito prazer! — continuei.

— Sou Dora — ela respondeu meio desconfiada. — Desculpe, preciso de um tempo, sei que amanhã as coisas irão melhorar. Estou preocupada com minha irmãzinha. Ela será levada para outro prédio e não poderá ficar nem comigo e nem com minha mãe.

"Quem cuidará dela?", Dora pensou em voz alta.

Eu não tinha resposta para isso, nem sabia se sua irmãzinha ficaria bem.

Entendi sua preocupação e assenti com a cabeça, mesmo achando que nada pudesse melhorar. Eu não sabia naquele momento, mas acabara de conhecer a pessoa que se tornaria minha melhor amiga em Terezín.

Dora era pequena, magra, de cabelos castanhos claros curtos e encaracolados. Lindos olhos claros e uma pequena pinta perto dos lábios. Ela era tímida, pelo menos parecia tímida, e era nítido que estava muito triste com a notícia da separação da mãe e da irmã. Como bem sei o que é ficar sem mãe, acredito que poderei ajudá-la de alguma forma.

III.

Acordei na manhã seguinte desejando que tudo aquilo fosse um sonho. Não era, infelizmente. Estávamos em Terezín, um lugar desconhecido, nada acolhedor, e teríamos uma vida diferente daqui para frente. Não tínhamos certeza se comeríamos novamente nem quando. Estava com fome e exausta de tudo isso. Dora ainda está dormindo. Ela parece uma criança. Quantos anos será que tem?

Papai também está dormindo e não quero incomodá-lo. Acordo Dora. Ela é a única que conheço aqui, além de papai.

— O que houve? — ela pergunta assustada.

— Nada — respondo —, precisamos conseguir algo para comer. Vamos?

— E se não pudermos sair daqui? É arriscado — ela alerta e com razão.

Mas estou determinada a não morrer de fome, pelo menos se tiver a chance de conseguir comida. Na chegada, havíamos recebido cupons para trocar por comida. Só precisávamos descobrir onde e como.

— Vamos, Dora, vamos ver se há algum tipo de cozinha neste lugar.

Descemos as escadas por onde havíamos chegado na noite anterior. Percorremos os mesmos corredores, mas agora no sentido contrário. No andar de baixo vimos quartos semelhantes ao nosso repletos de pessoas. Elas parecem tão perdidas quanto nós.

Saímos do prédio e nos deparamos com uma verdadeira cidade. Agora está claro e é possível observar tudo com exatidão. Prédios e casas antigos em estilo militar, construídos com tijolos amarelos. Uma praça bem no centro. Chama-nos a atenção os muros que são altos, muito altos. À direita, um pátio com todas as nossas malas.

— Nossa bagagem! — disse Dora, animada. — Vamos procurar nossas malas.

Ter seus pertences pessoais de novo poderia fazê-la sentir-se mais próxima de casa. Apesar da horrível confusão de pessoas que se formou ao redor das malas, concordei em irmos até lá. Talvez eu pudesse encontrar alguém conhecido, de Praga.

Encontramos nossa bagagem depois de muito tempo. Dora ficou radiante. Disse que agora só falta a guerra acabar e voltaremos para casa em uma ou duas semanas. "Quanto otimismo", penso. Do jeito que os alemães nos odeiam, ficaremos aqui para sempre. Mas finjo acreditar para deixá-la animada. Quero ser uma boa amiga, como fui para Olga.

Exploramos um pouco o local, curiosas, mas, ao mesmo tempo, com medo. Encontramos a cozinha por conta da enorme fila que se formava do lado de fora. Claro que onde houver comida, lá as pessoas estarão, então não foi difícil encontrá-la. Depois de vários minutos, chega nossa vez: café, apenas café, amargo e com um gosto horrível. É o que temos para o desjejum hoje.

Voltamos aos nossos "aposentos". Foi difícil lembrar o caminho, são muitos edifícios aqui, cada um com muitos quartos, escadas e corredores.

No dia seguinte, ouvimos um burburinho no andar inferior. Uma das meninas dá a notícia de que os meninos de 8 a 16 anos vão se mudar. Irão para o alojamento chamado L417. Permanecemos sentados aguardando mais instruções. Elas não chegam.

IV.

Os policiais tchecos, cerca de 150, trabalham na guarda do campo e vestem velhos uniformes com símbolos nazistas em seus quepes. Eles também carregam armas. "Marchem", "marchem", gritam para nós, prisioneiros novatos que acabamos de chegar em grupos de centenas, enquanto os oficiais da SS assistem ao "desfile". Os SS, *Schutzstaffel*, são o esquadrão especial de Hitler. Uma de suas funções é levar a cabo a Solução Final da Questão Judaica, ou Solução Final, como ficou conhecida a morte sistemática dos judeus europeus durante a Segunda Guerra Mundial. Eles são a autoridade máxima em Terezín e reportam tudo o que acontece para o *Kommandant*, que, por sua vez, reporta a Berlim.

Chegou a vez de papai ser designado para o alojamento masculino, um largo edifício de três andares na periferia da fortaleza, com paredes de concreto, janelas com grades e um número menor de camas do que de pessoas. Ele vai ficar junto com outros homens de sua idade. Nos despedimos. Foi assustador pensar que ficaria "sozinha" daqui para frente.

Durante a noite, os policiais tchecos informam que as meninas de 8 a 16 anos irão para o alojamento L410.

— Ao lado da igreja, ao lado da igreja — eles gritam sem muita paciência.

Caminhamos até lá com nossas bagagens. O prédio é enorme, cheio de janelas. A guarda tcheca começa a nos organizar por idade. Fui designada para o quarto 28 do abrigo. Imaginei que Dora não ficaria no mesmo quarto que eu. "Ela deve ser bem mais nova", penso. De repente, seu nome é chamado: "Dora Zdekauerová, quarto 28". Ela me olhou e sorriu. Vamos ficar juntas.

Caminhamos até nossa nova moradia, no segundo andar. Da porta, uma visão não muito animadora: um pequeno quarto sujo, de mais ou menos 30 m², com sujas paredes, para abrigar o número de meninas que nos acompanham e as que já vivem lá, com treliches velhas e estreitas, uma pequena mesa e pregos nas paredes para pendurarmos nossos pertences.

Entramos e nos acomodamos nas treliches. Dora e eu vamos dormir na mesma treliche. Coloco minha mala sobre a cama e começo a arrumar minhas coisas. Tudo o que eu possuía cabia em apenas uma mala. Fora isso, eu não tinha mais nada.

Trouxe três vestidos, alguns pares de meias, duas calças e duas blusas para o inverno (os casacos mais grossos foram confiscados pelos nazistas), dois pijamas, dois pares de sapatos, alguns itens de higiene pessoal, um pouco de açúcar, biscoitos, farinha, uma porção de manteiga, um pouco de geleia e um livro.

— Livro não é item de sobrevivência — disse Dora, perplexa com a minha escolha.

— Você está muito enganada, Dora. Um livro substitui um bom amigo, é uma companhia, um lugar de refúgio — respondi.

Dora ficou calada.

— O que houve? — perguntei.

Dora lembrou-se de Elizabeth e de sua paixão por livros. Pensou que, se tivesse trazido um livro para o campo, como Helena, poderia experimentar outras histórias, outras vidas, diferentes daquela que ela e a nova amiga estavam vivenciando.

— Quer que eu te empreste o livro? — perguntei. — Este eu já li diversas vezes.

— Vamos ler juntas? — ela respondeu.

Sorri e pensei que seria muito bom fazer a leitura acompanhada, a dois. *As aventuras de Alice no País das Maravilhas*, apesar de eu considerar um livro para crianças, era o meu favorito. Seria ótimo trocar experiências com alguém que não conhecia a história.

— Já que queria tanto um livro, poderia ter trazido um volume sobre culinária ou um guia de sobrevivência em lugares inóspitos, acho que seria mais útil — comentou uma das meninas do quarto, que acompanhava nossa conversa.

Mal sabiam as meninas que o livro de Carroll poderia fornecer muitos pontos de semelhança com a vida em Terezín. Primeiro, Alice havia ido para um lugar desconhecido contra sua vontade, um mundo novo. Ela simplesmente caiu em um buraco, indo parar no País das Maravilhas, um lugar onde tudo parece ser diferente do que se conhece, assim como no campo, em que o estado de exceção é a regra. O Coelho Branco encaminha Alice até o buraco. Os trens levaram as meninas até o campo. No País das Maravilhas, Alice se depara com animais e objetos antropomórficos. Em Terezín, as meninas encontram justamente o contrário: seres humanos coisificados, animalizados pelo processo de desumanização dos campos de concentração nazistas, que transformam seus prisioneiros em seres sem nome (são conhecidos apenas pelo número de transporte), sem rosto (todos têm o mesmo ar de cansaço e desespero) e famintos, como animais que apenas agem por instinto. Assim como Alice, as meninas também são confrontadas com o impossível e o absurdo, sendo condenadas a uma morte sem sentido, por um ditador tirano e louco que força todos a obedecer a suas ordens e a satisfazer seus caprichos, como a Rainha de Copas, que manda cortar a cabeça daqueles que questionam ou impedem sua soberania. Como a lagarta, que dá conselhos a Alice, um inseto destinado à metamorfose, as meninas irão, com o tempo, se transformar, amadurecer, ao se depararem com as agruras do campo.

V.

Aos poucos, vou entendendo a rotina e organização de Terezín. O campo é governado por um Conselho Judaico de Anciãos, que é responsável pelas atividades diárias e se submete às ordens dos

SS. Em Terezín, o Conselho fez inúmeros esforços para criar um ambiente de normalidade para as crianças, apesar de estas estarem separadas dos pais, de a comida ser insuficiente e de má qualidade e de a educação não ser permitida pelos alemães.

Os alojamentos infantis, como o L410, o L417 e o L318, para crianças menores, e o L414, para meninas que falam alemão, foram criados no verão de 1942 pelo Conselho, liderado por Jakob Edelstein e, posteriormente, pelo Dr. Paul Epstein. Havia também creches e berçários que cuidavam das crianças bem pequenas para que os pais pudessem trabalhar nas fábricas nazistas.

Nosso alojamento tem três andares, com mais ou menos 10 dormitórios que abrigam ao todo cerca de 360 meninas. Cada dormitório possui 24 lugares para dormir, mas, por conta da superlotação do campo, algumas meninas dormem em duplas nas treliches. Seu endereço é L, de *Langestrasse* (rua longa), 4, casa 10, por isso L410. Chamávamos nossos dormitórios de lares, pois era a coisa mais próxima de casa que possuíamos.

Havia apenas dois banheiros por andar. Era um número muito pequeno, se pensarmos que a maioria de nós sofria de diarreia, a doença crônica do campo. O cheiro era insuportável, nossos lares fediam, pelas doenças, pela aglomeração e por não podermos tomar banho. Éramos obrigadas e nos lavar no quarto, sem nenhuma privacidade. Buscávamos água e improvisávamos um banho da melhor forma possível. Uma vez por mês, podíamos tomar um banho de chuveiro, mas a água era fria e também não havia privacidade. Demorei a me acostumar a esse esquema, sentia muita vergonha no início.

Tínhamos uma cuidadora. Seu nome era Eva Eckstein. Eva nasceu em 1924, em Louny, na Tchecoslováquia, e foi deportada para Terezín em fevereiro de 1942. Ela era jovem e nos tratava com carinho e cuidado, apesar de não ter muito mais idade do que nós. Eva era como uma irmã mais velha, uma amiga. Ela se esforçava para criar um clima de fraternidade em nosso lar e para proteger as meninas mais vulneráveis. Era sua responsabilidade manter a ordem no quarto e garantir que não criássemos problemas para os nazistas. Felizmente, Eva sobreviveu à guerra e pôde registrar suas memórias em forma de livros e relatos.

VI.

Quarto dia no campo.

Acabo de acordar e me sinto tão cansada! A noite foi péssima, o sono leve, cheio de pesadelos. Durmo meio acordada, com medo de que alguém me faça mal. Estou num lugar estranho e não sei o que se passa lá fora. Olho ao redor e reparo nas meninas que, de agora em diante, viverão comigo neste local imundo. Iremos compartilhar tudo, nossa comida, nossos sonhos e nosso medo. Falando em medo, tenho muito medo de ficar sozinha. Ainda bem que tenho Dora, ela sempre está comigo.

As janelas ainda estão fechadas, é bem cedo, mas consigo ver que muitas meninas já acordaram e algumas estão chorando em silêncio. Talvez por saudades de casa, da família, de ter uma vida normal novamente, talvez chorem por causa de tudo o que virá pela frente.

Somos 21 meninas em um quarto pequeno, 15 que já viviam aqui e 6 que acabam de chegar, Dora, eu e mais 4. Rapidamente percebemos ser quase impossível viver num espaço tão apertado. Mal sabia eu que mais 9 meninas chegariam durante minha estada no campo e outras partiriam. Já descobri os nomes de algumas: Hana, Anna, Ruth, Erika, Alice, Mary, Zdenka, Irena, Helga... Elas têm idades próximas à minha e são tchecas também, vindas de Praga e outras regiões.

Esperamos por novas ordens: o que fazer, para onde ir. Será que comeremos hoje? Estou faminta novamente.

— Acorde, Dora, precisamos buscar comida.

Dora acorda prontamente. Provavelmente seu sono também é leve. Saímos do quarto, com a autorização de Eva, e voltamos ao mesmo lugar onde havíamos encontrado café na noite anterior. Fila. Isso significa comida. Café novamente, aguado e amargo. Na verdade, não é café, mas sim um líquido marrom de qualidade inferior. Dessa vez também recebemos um pedaço de pão com margarina. Apesar de o pão estar duro, foi maravilhoso comê-lo, mastigá-lo lentamente, senti-lo em nossas bocas. Até rimos. A comida tem um sabor bom quando se está com fome há dias, por pior que ela seja.

Voltamos ao quarto e avisamos as demais meninas de que há comida na cozinha. Elas saem correndo. Todos no campo têm fome.

Eu e Dora terminamos de organizar nossos pertences no quarto. As meninas brigam por conta de espaço e comida. Essa cena irá se repetir inúmeras vezes em Terezín. Às vezes brigávamos por um pedacinho de nabo, por cada colher de sopa a mais. Ao nosso redor as pessoas morriam de fome.

Converso um pouco com Anna, Mary, Helga e Erika. Dora chorou ao saber o nome de nossa colega de quarto, Erika, o mesmo nome de sua querida irmãzinha. Ela sente muita falta da família e eu de papai. Quem sabe possamos sair e encontrá-los? Mary e Helga estão registrando suas experiências no campo em diários. Se as pessoas lá fora pudessem saber tudo o que está acontecendo conosco, viriam correndo nos ajudar. Eu acredito que *o diário de Mary Berg* e *o diário de Helga* um dia serão um importante testemunho para a humanidade do que está acontecendo conosco, judeus.

Somos cerca de 30.000 em Terezín. 30.000 pessoas cercadas por arames farpados e altos muros. Não há como sair.

VII.

Da janela posso observar o trânsito de pessoas e oficiais no campo. Em frente ao nosso alojamento está a praça central e ao nosso lado, a igreja. Do outro lado da praça, há outro alojamento, bem à nossa frente. De lá, saem muitos idosos em direção à cozinha e à praça. Deve ser um alojamento para idosos, cujo estado é deplorável: estão extremamente magros, debilitados e caminham com as costas curvadas, procurando restos de comida nas latas de lixo. Essa atitude chama minha atenção e pergunto a Eva:

— Os idosos não recebem comida? Por que andam curvados procurando o que comer?

— Por conta da superlotação, aos idosos são dadas quantidades menores de comida para que os trabalhadores braçais e vocês, crianças, possam receber um pouco mais — ela disse.

Senti-me péssima. "Estou 'roubando' a comida de um desses idosos" — pensei. Da janela, observo um deles. Ele está mastigando um pequeno pedaço de pão, provavelmente duro. Ele come com dificuldade, parece não ter todos os dentes e comer se torna uma tarefa dolorosa, a não ser pelo bem-estar que causa ao estômago.

Mais da metade dos prisioneiros do campo é composta por idosos. Os alojamentos estão lotados e as ruas também.

Pouco antes da nossa chegada, 23.000 idosos foram deportados para os campos do Leste. Por que não os deixam em paz? Morrerão na *Schleuse* ou nos trens? Gonda Redlich, organizadora do **Departamento para o Bem-Estar da Juventude** de Terezín, escreveu em seu diário:

> *"Agosto de 1942: os quartos estão cheios. As pessoas se espremem sobre o chão. Falta comida, roupas, utensílios [...] A cidade está tão cheia. Apesar disso, um transporte com 1.000 pessoas é esperado para amanhã. Ninguém sabe se haverá lugar para elas, onde nós vamos colocá-las."*

O DEPARTAMENTO PARA O BEM-ESTAR DA JUVENTUDE ou *Jugendfürsorge*, em alemão, foi organizado em Terezín com o intuito de proteger as crianças e os adolescentes confinados no campo e prover a eles, na medida do possível, uma vida normal.

Ao lado do alojamento dos idosos, o edifício mais temido do campo, o quartel general dos SS. Eles entram e saem o tempo todo. Percebo que os oficiais ficam de olho nos alojamentos e dão ordens à polícia tcheca. Do outro lado da igreja, em frente ao quartel general, está o alojamento para meninos, L417, estabelecido em 8 de julho de 1942 na antiga escola de *Theresienstadt*.

Sétimo dia no campo e começamos a nos articular, pensar em atividades para nos ocupar. Eva nos diz que os SS permitem que façamos algumas poucas atividades, como canto, dança, jogos, esportes e artesanato, e pensamos em algumas coisas para ocupar nosso tempo e nos distrair da dura realidade concentracionária. Dora dá a ideia de compartilharmos nossas canções favoritas, selecionarmos algumas e organizarmos um coral. A ideia foi recebida com entusiasmo por todas as meninas. Zdenka também teve uma ideia: poderíamos organizar alguns jogos e até uma competição para descobrir a melhor entre nós.

— Sou muito boa em trava-línguas e em soletrar! — disse Anna.

E começamos, então, a organizar competições. Eva disponibiliza alguns formulários velhos e um lápis bem gasto, o suficiente para montarmos as duplas que iriam se enfrentar. A premiação seria pedacinhos de pão que cada uma de nós iria guardar esta noite ou amanhã pela manhã, quando houvesse pão novamente.

Ainda com um sentimento ruim pelos idosos, tive uma ideia:

— Podemos visitar os idosos, levar pequenos presentes feitos à mão, cartões, cantar canções para alegrá-los.

Todas concordam e ainda afirmam que a sugestão é excelente. Então, fazemos planos para colocar essa ideia em prática. Estávamos, pela primeira vez depois de vários dias, empolgadas. Sentimo-nos vivas de novo.

Os nazistas não se importavam se fizéssemos jogos ou cantássemos canções. Seu intuito era que nos mantivéssemos ocupadas e longe de problemas.

VIII.

Depois de quase duas semanas em Terezín, consegui compreender o cardápio, que se repete a cada semana. O almoço é baseado em sopa, mas varia ligeiramente a cada dia. Pode ter um pouco de milho, talvez batatas ou nabos. Ocasionalmente há *goulash*, uma espécie de ensopado de carne com vegetais, ou torta. Uma vez por semana a sopa vem acompanhada de pão. O jantar é baseado em sopa três vezes por semana. Todos recebem um pequeno pão a cada três dias, um pão de forma a cada semana, 20 gramas de margarina, uma colher de chá de geleia e salsicha, uma vez por semana. O pão é transportado na mesma carroça usada para carregar tudo mais, inclusive os mortos. Da janela de nosso quarto, eu observo a carroça chegando com os pães, o que causa euforia em todas nós, ver uma grande quantidade de comida, e saindo com os mortos para o cemitério, o que nos deixa bastante apreensivas. Além da carroça, da janela eu vejo uma maca que transita o tempo todo dos alojamentos para os hospitais. Ela provavelmente carrega os doentes, mas eu me questiono se realmente há tantos doentes assim. A maca praticamente não para!

Estamos enfrentando um inverno rigoroso, sem roupas adequadas, aquecimento nos lares e comida suficiente. O frio nos castiga severamente. Ele está impregnado em nossos ossos. Visto tudo o que tem na minha mala. As roupas estão sujas e fedem, mas nos aquecem, na medida do possível. Percebo que Dora sente muito frio. As roupas dela são mais finas do que as minhas. Uso uma de minhas blusas para cobrir nós duas enquanto dormimos, além do fino cobertor que recebemos. Dormimos juntas, bem apertadas, para tentar enganar o frio.

— Obrigada, Helena — ela me diz sempre que divido minha blusa —, quando sairmos daqui vou conseguir um emprego e lhe comprar roupas novas.

Abro um sorriso. Ela é a irmã que eu não tive. Está comigo em todos os momentos. Mas o sorriso logo se fecha, quando penso que talvez nunca mais voltaremos para casa.

IX.

Finalmente, depois do café da manhã, uma boa notícia para nos resgatar do abismo.

"Aulas clandestinas", foi o que Eva disse. Teríamos classes clandestinas de História, Geografia, Matemática, Ciências, Línguas, Literatura, longe dos olhos dos nazistas. Mas não iríamos para a escola. Seríamos ensinadas em nosso próprio alojamento. Mas havia o risco de sermos apanhadas pelos nazistas e "t-o-r-t-u-r...". Recuso-me a pensar ou pronunciar essa palavra.

"E os livros? Os cadernos? Lápis para anotarmos o que for ensinado?" — pensei. Teríamos de ser criativas. Havíamos encontrado uma forma de resistir à destruição imposta pelos nazistas. Apesar da fome, de algumas de nós estarem doentes e do medo, os nazistas não poderiam destruir nosso pensamento, nosso desejo de aprender. Havíamos nascido para pensar, criar, argumentar, nos emocionar, e isso eles não iam arrancar de nós!

Terezín foi um campo de concentração único. Abrigou judeus proeminentes, artistas famosos, cientistas reconhecidos, professores universitários célebres, médicos, músicos virtuosos, judeus-alemães heróis da Primeira Guerra Mundial. Somos visitadas em nosso quarto por filósofos, poetas, escritores. A liderança judaica organiza saraus com leituras de poesia, apresentações de música, corais, marionetes e até óperas. Apesar da fome que assola o campo, somos nutridos pelo conhecimento.

Pelo fato de muitas pessoas com alto grau de instrução e experiência estarem aprisionadas em Terezín, podíamos ter uma educação de qualidade, apesar de proibida.

Fomos informadas de que as classes iriam ocorrer à noite, para aquelas que trabalhavam durante o dia, e pela manhã, para as meninas menores de 14 anos, que eram poucas em nosso lar.

No primeiro dia, Dora, eu e as outras meninas do quarto subimos as escadas até o sótão em total silêncio. Lá, nos deparamos com as meninas do quarto ao lado. A aula era de Literatura, com o professor Karel Poláček, grande humorista tcheco. Não havia quadro negro e o papel era escasso. Karel pediu que nos sentássemos em roda e começou a compartilhar seus conhecimentos sobre alguns dos mais importantes escritores tchecos. Tudo de memória, ele não possuía anotações. Ele transcreveu alguns poemas em pedaços sujos de papel e pediu a algumas de nós que lêssemos e repetíssemos. Em seguida, ele fazia comentários, e nós também.

Nas aulas de Geografia, por exemplo, recebíamos o nome de uma cidade e tínhamos que dizer em que país ela se encontrava, depois soletrar a cidade e o país. Estudávamos História por meio de jogos e Hebraico usando canções e poemas. Em Terezín, os professores desenvolveram métodos de ensino específicos para contornar as proibições dos nazistas e a falta de recursos.

A aula do professor Poláček passou como num piscar de olhos. Foi maravilhoso ter contato mais uma vez com o conhecimento. Eu não era mais uma prisioneira, mas uma jovem aluna novamente. A escola improvisada tinha sabor de liberdade.

A cada dia tínhamos aulas de um assunto diferente com um professor diferente. Apesar das condições e do medo de sermos descobertas, o ensino em Terezín era de nível elevado porque éramos ensinadas por pessoas altamente qualificadas.

No começo, tínhamos um esquema: segunda, Hebraico, terça, Matemática, quarta, Línguas e Literatura, quinta, Geografia e

História. Depois fomos adaptando as aulas à disponibilidade de professores no campo.

Algumas pessoas trocavam parte de sua ração por aulas de piano, violino, trompete, entre outros instrumentos. Os músicos de Terezín trouxeram seus instrumentos na bagagem, renunciando a roupas ou comida em prol da música. Até um violoncelo foi trazido ao campo desmontado, escondido em diferentes malas.

Eu, particularmente, amava as aulas de História e Geografia com a Sra. Zdenka Brumliková. Eu me sentava à sua frente, com os olhos atentos, enquanto ela nos contava histórias da mitologia grega e romana. O modo como nos ensinava era fascinante. A Sra. Brumliková era pequena, magra, tinha o cabelo curto e grisalho e sardas nas bochechas. Ela havia fixado em nossa mente a imagem de uma Tchecoslováquia livre ao nos ensinar as antigas lendas da Boêmia e da Morávia. As aulas de História e Geografia passavam voando.

Estávamos preparadas caso um SS aparecesse: escondíamos papéis e lápis e passávamos a fazer alguma atividade permitida, como cantar, por exemplo. Tínhamos sempre alguém de olho, que nos dava um sinal: "alemães chegando!". E corríamos a esconder qualquer sinal de atividade intelectual.

X.

"Transportes." Essa é a palavra que ocupa nossas mentes no momento e veio para nos aterrorizar.

— Para onde as pessoas são enviadas? — perguntou Dora, aflita.

— Não sabemos ao certo — respondeu nossa cuidadora.

Mas as meninas que chegaram ao lar antes de nós têm algumas teorias e compartilham conosco, as mais novas, os boatos que correm pelo campo.

— Estão falando sobre câmaras de gás e campos da morte no leste da Europa — disse bem baixinho Helga, uma das veteranas.

— O que são essas câmaras de gás? — perguntei imediatamente.

— Dizem que são grandes salas onde colocam os judeus e os sufocam com um tipo de gás letal — respondeu Helga.

— Se isso fosse verdade, todos veriam os corpos e culpariam os nazistas. Isso não é possível!! — afirmei de forma contundente.

— Aí é que está, Helena, os nazistas são espertos e não deixam pistas. Dizem também que criaram fornos onde incineram os corpos, assim não restará nenhum rastro — replicou Helga.

— Dizem, dizem, não há certezas, apenas suposições — respondi irritada.

— Mas pode ser verdade, os boatos podem ser verdadeiros — disse Helga, com um peso enorme na voz.

— Eu não quero morrer, eu quero trabalhar — desabafei chorando.

No período de pouco mais de três anos em que Terezín esteve em operação, os nazistas organizaram transportes sistemáticos, cujas listas de prisioneiros eram preenchidas pela liderança judaica, de acordo com as especificações dos alemães. As convocações ocorriam sempre no meio da noite. Os selecionados tinham 24 horas para deixar o campo.

Sempre que um grupo era selecionado para os transportes, os nazistas afirmavam categoricamente que as pessoas estavam sendo enviadas para campos de trabalho. Deveríamos acreditar?

A noite caiu e permanecemos em silêncio. Não tínhamos coragem de tocar no assunto novamente. Adormecemos em silêncio e acordamos em silêncio. Nós, crianças e adolescentes em Terezín, vemos tudo e sabemos de tudo o que acontece ao nosso redor. Já percebemos que aqueles que partem nunca mais voltam.

XI.

O horror da deportação nos acompanha dia e noite. Quem não tivesse algum tipo de proteção poderia estar na próxima lista de comboios para o Leste. Tentamos esconder nossas doenças e debilidades para não entrar na lista, mas, às vezes, é praticamente impossível saber os próximos passos dos nazistas.

Nossa cuidadora, Eva, também nos ajudava a superar muitas dificuldades, transmitindo valores relativos à humanidade, amizade e solidariedade. Isso me dava forças para lutar contra aquilo que os nazistas buscavam: nos transformar em animais insensíveis que sobrevivem pelo próximo prato de sopa. Éramos mais do que isso, apesar de estarmos marcados para morrer. Sim, eu acreditava nos boatos sobre as câmaras de gás e os fornos crematórios.

Apesar do medo, estávamos em terreno fértil. Construíamos laços de amizade em nossos lares e tínhamos contato com a arte. Havia esperança de que a guerra logo acabasse. Eu precisava ter coragem todos os dias.

Encontrávamo-nos num cenário cultural único, em meio a obras de compositores brilhantes, como Viktor Ullmann, Hans Krása, Pavel Haas, Gideon Klein, e grandes artistas plásticos, como Otto Ungar, Leo Haas, Bedřich Fritta, Peter Kien, Karel Fleischmann, Alfred Kantor, entre muitos outros. Ouvir o som do violino, os acordes do piano, me proporcionava alento. Eu me sentia de alguma forma reconfortada, apesar da situação extrema.

XII.

Cada dia um desafio diferente. Agora, nosso quarto está infestado de percevejos, pulgas e piolhos.

É final de julho e Terezín sofre com um verão impiedoso. A temperatura chega a 35 graus na sombra. Nem sinal de chuva. Estamos sufocando, espremidas em nossos 30 m². Somos 30 agora.

— Que nojo! — grita Mary. — Eu odeio esses insetos.

Todas nós estamos fartas, principalmente dos percevejos. É impossível dormir. Eles vagueiam pelos colchões, cobertores, vigas de madeira, paredes, piso, sapatos, malas. Estão no nosso corpo e até andam pelo rosto. É possível vê-los, senti-los, cheirá--los e ouvi-los. Passamos diversas noites sem dormir, batalhando contra os insetos.

— O que vamos fazer? — perguntou nossa cuidadora.

Eu não tinha ideia, nunca enfrentei uma infestação de insetos.

— Vamos limpar o quarto — disse Hana. E a primeira coisa que rapidamente ficou limpa foi *a mala de Hana*.

Todas concordam. Arrastamos nossos colchões para fora e colocamos as roupas das malas para arejar. Batemos nos colchões com um batedor de tapetes improvisado. Caíam muitos percevejos, era incrível de se ver. Que praga terrível. Mas, infelizmente, a pior parte da infestação está nas vigas de madeira. Há muitos, muitos percevejos. É praticamente impossível dormir com esses bichos caminhando sobre nosso corpo.

Pedimos ajuda a Eva. Ela tem que dar um jeito nessa situação. Eva acionou o Departamento para o Bem-Estar da Juventude, que cuidava também da manutenção dos alojamentos infantis e juvenis. Eles prometeram dedetizar os quartos, visto que todos estavam infestados, não apenas o nosso.

Lembro-me claramente de tentar dormir e não conseguir, por conta das picadas dos percevejos. Estou cheia de picadas.

O Departamento demorou para dar retorno, mas depois de duas semanas recebemos a notícia de que nosso quarto seria dedetizado. Teríamos de dormir no corredor, de forma mais precária ainda. Do lado de fora do quarto, o Departamento pendurou uma placa amarela com os dizeres: "Gás. Cuidado, perigo mortal" e o desenho de uma caveira.

O barulho do corredor é terrível. Impossível dormir aqui fora também. Estou exausta.

Tivemos permissão para voltar ao nosso quarto. Que surpresa desagradável! Achei seis pulgas e três percevejos na minha cama. Voltamos à estaca zero. Continuamos a caçar e matar os insetos. Torço para que o verão acabe logo, mas também tenho medo do frio. Como eu queria voltar para casa, viver com papai novamente.

Acordei no outro dia e havia um rato dormindo no meu sapato.

***

Agosto de 1943.

Já estamos no início de agosto e as pulgas e percevejos continuam a nos incomodar, além do calor extenuante. A sujeira e o mau cheiro estão em todos os lugares. "Como eu gostaria de um banho", penso a todo momento.

As enfermarias e os hospitais estão lotados, os idosos sucumbem ao calor e as circunstâncias são quase insuportáveis. O trânsito de macas, com os doentes, e de carroças, com os mortos, está intenso. No crematório, o trabalho não para. Entre 4 e 5 de agosto caiu uma forte chuva, a primeira, depois de muito tempo. Espremmo-nos na janela para observar o espetáculo de raios e trovões.

Eu tinha medo de raios e trovões quando estava em Praga. Agora só tenho medo da morte.

XIII.

Depois de uma nova dedetização, a infestação de percevejos chegou ao fim. Voltamos para o quarto depois de três dias e lá estavam eles, mortos no chão. Estamos finalmente livres.

Tivemos apenas um dia de alegria e já recebemos péssimas notícias: um transporte de 5.000 pessoas seria preparado. O clima está tenso nos alojamentos: quem irá entrar na lista dos nazistas? E para onde irão?

Dora agarrou minha mão e disse: — Se você for, eu vou junto.

— Não diga isso, Dora, você fica em Terezín com sua mãe e irmã — retruquei.

Achei realmente que eu e papai poderíamos ser escolhidos, visto que estavam mandando famílias para algum lugar que não sabíamos bem qual, mas que ficava ao Leste.

Alguns dias depois, durante a noite, convocaram as 5.000 pessoas para o transporte. Estamos fora, Dora e sua família, eu e papai, estamos salvos, dessa vez.

***

Já é final de agosto. Correm outros boatos pelo campo: um transporte com 1.500 crianças polonesas deve chegar **hoje**. Preparamos pequenos brinquedos e lembranças para elas. Imaginamo-nos em seus lugares e tentamos organizar uma noite de boas-vindas. Mas estamos doentes, quase todas. Eu estou com diarreia infecciosa,

Hana, Ruth, Helga e Mary estão com febre tifoide. Elas estão na enfermaria. Alice, Zdenka, Anna, Marta e Irena têm encefalite. As outras meninas também estão acamadas e nem sabemos que doença possuem. Elas têm **um novo** sintoma: olhos amarelados.

Algum tempo depois, o Dr. Walter Stern chegou a um diagnóstico. As meninas e outras crianças e adolescentes do campo estão com icterícia. Era uma epidemia de icterícia. Que **pavor**!

É a terceira vez que Dora apresenta os mesmos sintomas. Deve ser a terceira vez que ela contrai icterícia. Ela me **abraça**, **o** medo está em seus olhos. Parece que somos só eu e ela aqui no **gueto**.

O Dr. Rudolf Klein, responsável pelo alojamento L417, redigiu um relatório sobre a situação dos meninos em julho de 1943:

> *"A partir de julho de 1942 até o final de 1942 (...) os abrigos passaram por **uma** forte epidemia de escarlatina, (...) em agosto e no início do outono houve uma epidemia de **doença**s diarreicas, seguida por um aumento da incidência de icterícia infecciosa, enquanto o sarampo, a caxumba, a rubéola, a catapora e a coqueluche não eram tão preocupantes para nós e para os pacientes, exceto em casos complicados de sarampo, que sempre apresentavam uma evolução mais grave, mas que felizmente sempre foram curados. Houve muitos casos de pneumonia e cirurgia por otite média. A febre tifoide foi motivo de grande preocupação no final de janeiro de 1943. Em dois meses, cerca de 50 crianças adoeceram, algumas gravemente."*

Enquanto no alojamento masculino a situação é **ruim**, no nosso as estatísticas são assustadoras. A febre tifoide **espalha o terror** e mostra seu lado mais cruel. Recebemos a notícia de que duas colegas de quarto faleceram na enfermaria. Choramos desesperadas. Seremos as próximas? Sabíamos que ambas estavam doentes, mas nunca imaginamos que partiriam tão cedo. Elas só tinham 15 anos. Ninguém deveria morrer com apenas 15 anos.

A vida é realmente passageira. É muito estranho ter contato com a **morte**. Observamos pela janela e vimos algumas pessoas **empunhando** velas. Elas fazem uma homenagem aos mortos. **Sua** determinação em não deixar que sejam esquecidos é muito significativa.

Um homem carrega uma **foice**. Ele caminha para o cemitério, provavelmente para aparar o mato. É uma manhã **fria**, cinza e triste. As doenças estão **matando, suas** são as **vítimas**. Penso em papai. Será **que** continua doente? Está no hospital do campo e faz alguns dias que não o visito. O **horror** toma conta dos meus pensamentos. Estará bem? Seguro? Vivo?

XIV.

Nosso cotidiano é pesado. Levantamos cedo, após o aviso de Eva: "Hora de acordar." Dirigimo-nos ao banheiro úmido e sujo que fica no andar térreo. A fila, muitas vezes, já está formada. Somos cerca de 120 meninas para um banheiro, muitas ainda com diarreia. Lavamos sempre as mãos, para diminuir o risco de contrair doenças. Depois, arejamos as roupas de cama e cobertores. Fazemos isso na janela,

---

As palavras destacadas em negrito nas páginas 71-74, 83 e 140-141 formam, em sequência, trechos de três poemas, escritos originalmente em tcheco por Eva Picková, Alena Synková e Miroslav Košek no campo de Terezín durante a Segunda Guerra Mundial, entre 1941 e 1945. Os poemas foram traduzidos em 2018 pela autora. Leia os trechos citados, em versos, nas páginas 184 e 185.

nos estrados das camas ou sobre a mesa. Na porta de cada quarto há a planilha do *"Toranut"*, palavra hebraica para "Serviço". Os serviços consistem em realizar a limpeza do quarto, buscar a comida e estar disponível para outras tarefas.

A maioria de nós trabalha nas plantações de vegetais que pertencem aos SS. Adolescentes com 14 anos ou mais são convocados ao trabalho. Regamos as plantas, retiramos as lagartas das couves, plantamos e colhemos o dia todo. Nós plantamos e eles comem. É realmente extenuante, ainda mais porque não estamos acostumadas a esse tipo de trabalho. Mas aqui as coisas são diferentes e nos acostumamos a tudo.

Hoje, **mesmo** com tantos problemas **que** precisamos enfrentar, **meu coração ainda** está apertado pensando nas colegas que se foram. Peço a ele que **pulse**, não pare, por favor. Eu quero viver minha vida plenamente, ser livre de novo.

Minhas companheiras se foram e muitas de nós também **irão para** outro lugar, para **outro mundo**, talvez. **E**, quem sabe, estaremos finalmente em paz, sem sentir fome ou frio. **Ninguém sabe se não seria melhor** partir com elas, **em vez de** sentir nossas dores e **ver** tudo **isso** que somos obrigadas a ver. Seria **melhor morrer agora**?

***

Eliminei da mente esses pensamentos terríveis. Não iriam me ajudar a sobreviver e eu queria sobreviver. A vida é uma dádiva preciosa, não pode ser desperdiçada. Enquanto Dora e as outras meninas conversam sobre os rapazes do alojamento ao lado, com os quais elas trocam olhares ao buscar a comida na cozinha ou observam pela janela, chamou-me atenção uma imagem: além dos altos muros do campo, uma montanha sobre a qual está organizado um vilarejo. As pessoas trabalham lá. Sobem e descem a montanha em um velho caminhão. Parece uma mineradora. Há diversas pessoas trabalhando, mesmo com a guerra. Elas não sabem que estamos aqui, não devem saber, caso contrário viriam nos salvar. Atrás da montanha, o céu está vermelho e o sol se põe. É tão estranho, enquanto morremos de fome, de frio e de doenças, a vida parece correr normalmente fora do gueto. Saí da janela, não pude suportar aquela imagem. A beleza do pôr do sol contrastava com o horror de nossa realidade.

X V.

11 de novembro de 1943.

Somos contados todos os dias. É um ritual a que já estamos acostumados, mas nesse dia as coisas transcorreram de forma diferente: a contagem não fechou, então, os alemães pensaram que alguém havia escapado. Será? Podia ser mentira. Podem ter inventado para nos fazer sofrer ainda mais. E conseguiram.

Todos os prisioneiros do gueto, desde as crianças menores até os idosos, foram agrupados em fileiras, alinhados em centenas e centenas na bacia de Bohušovice, uma imensa campina, e contados, recontados e rearranjados infinitamente, desde o raiar do dia até a noite escura. O frio é cortante e estamos parados a céu aberto.

Um oficial alemão fala ironicamente para os novatos do campo: "Bem-vindos, vocês estão em *Theresienstadt*." E sorri.

Os idosos desmaiam, caindo como mortos no chão. Outras pessoas simplesmente não suportam ficar em pé por tanto tempo pois estão desnutridas ou doentes. Até nós, prisioneiras jovens, ficamos esgotadas. Alguns se escondem no final da fila, longe dos olhares dos policiais tchecos e dos homens da SS, e se abaixam para descansar alguns minutos.

Imaginei milhares de coisas: que era o fim, que seríamos todos mortos agora ou enviados em transportes para também nunca mais voltarmos, que iriam nos deixar ali, em pé, famintos e congelando de frio, por dias, até morrermos todos. Enfim, foi um pesadelo. Perto das 20 horas, fomos dispensados para voltar aos alojamentos: *"zpět do ghetta"*, gritou um policial tcheco, e, de repente, aquelas fileiras imóveis se transformaram em um tumulto, parecia um formigueiro sendo atacado, pessoas correndo para seus alojamentos antes que outra coisa pior acontecesse.

No caminho, Dora desmaiou por conta do cansaço. Fiquei desesperada. Pedi ajuda a Ruth e Helga e carregamos nossa amiga de volta para o quarto. Chegando lá, Hana deu uma porção da geleia que havia economizado para Dora comer assim que se reestabeleceu. Ela está bem, é um milagre.

Na manhã seguinte, descobrimos que muitos idosos e doentes não sobreviveram à contagem, morrendo naquela mesma madrugada em decorrência das atrocidades sofridas. Os mortos são encaminhados ao crematório.

XVI.

O crematório é um dos lugares mais tristes do campo. Por mais que Terezín fosse um campo de transição e não de extermínio, como Auschwitz e Treblinka, na Polônia, o número de mortos aqui é imenso. Em 1942, os mortos eram tantos que foi preciso construir um crematório capaz de queimar 200 corpos por dia.

A maioria dos prisioneiros não resistiu às doenças, à falta de comida e esperança. Das cerca de 144.000 pessoas que passaram por Terezín, 33.000 morreram devido às condições precárias de vida e aproximadamente 88.000 foram deportadas para os campos do leste europeu. Pouco mais de 17.000 pessoas sobreviveram à guerra nesse campo.

Nos alojamentos, eu ouvia comentários sobre o funcionamento do crematório, que ele trabalhava a todo vapor para dar conta dos mortos. Os mortos. Já havia me acostumado a eles. Quando saíamos dos quartos, pulávamos por cima de seus corpos caídos no chão. A morte tem cheiro de algo que eu não conheço. Já não é mais um tabu, é nossa realidade.

Um sistema engenhoso de ventilação acelerava todo o processo, aumentando a temperatura de tempos em tempos. A fumaça saía pelas chaminés, e ficávamos da janela observando seu formato, como quem encontra rostos e animais nas nuvens. Observávamos se aquela fumaça preta tinha formato de homens, mulheres, crianças ou velhos.

Pilhas de corpos se acumulavam em frente ao crematório, esperando para serem empurrados forno adentro. Cada cadáver era queimado separadamente, em uma temperatura de aproximadamente 2.500 graus. Tudo virava cinzas, inclusive os ossos. Os corpos eram depositados no forno pelos próprios prisioneiros e as cinzas retiradas por nós também, colocadas em caixas de papelão. O passo seguinte era anotar na caixa o nome do cadáver, local e data de nascimento e data de óbito. Depois, as cinzas eram levadas na carroça (a mesma carroça!!) e lançadas no Rio Eger, afluente do Elba, que desemboca no Atlântico Norte que, por sua vez, mistura-se a todos os oceanos do mundo, chega a todos os lugares. Isso havia se tornado apenas um procedimento burocrático.

Em uma sala fria e úmida ao lado do crematório eram feitas as autópsias, onde casos específicos eram estudados por médicos prisioneiros, obrigados pelos SS a cumprir essa função nefasta.

XVII.

Parecemos estar em uma Torre de Babel: tchecos, alemães, austríacos, holandeses, franceses, dinamarqueses, judeus, arianos, mestiços. Com o tempo, descobre-se que tcheco e alemão não são as únicas línguas faladas aqui. É uma confusão!

Já estou praticamente curada e as meninas do quarto vão muito bem também. As que estavam na enfermaria retornaram e as que estão no quarto se sentem melhor. Helga e Zdenka foram deportadas para o Leste. Nossa despedida foi muito difícil, todas as meninas, sem exceção, inclusive nossa cuidadora, choraram muito com a notícia. Será que irão para os campos do Leste, como todos dizem? Ou terão uma chance em um outro campo, com mais comida e menos doenças? Todas se despediram dando pequenos presentes, tesouros pessoais: uma porção de açúcar, uma colher de geleia, pedacinhos de pão economizados do café da manhã, roupas.

Estou preocupada, Zdenka é frágil e Helga tem uma missão importante a cumprir: testemunhar nosso sofrimento por meio de seu diário. Ao nos despedirmos, peço a ela que não pare de escrever. Helga também é uma excelente desenhista e registra tudo o que vê com formas e cores. Ela será famosa, não tenho dúvida.

A porta se fecha e me pergunto quando irei ver minhas companheiras de novo. Penso se seus sonhos serão realizados — Helga quer ser artista. Ouço suas vozes dizendo: "Não me esqueça." Elas ressoam na minha mente por muito tempo.

Perco até a vontade de ir para a aula. Prefiro ficar no quarto, está muito difícil viver ultimamente. Dora me faz companhia. Ela é uma boa amiga.

A guerra precisa terminar, mas ela teima em continuar. A guerra não entende que quanto mais ela durar, menor são as nossas chances de sobrevivência.

Olho pela janela e os muros estão lá. Eles também teimam em permanecer.

— Se esses muros não fossem tão altos eu escaparia desse lugar — disse Dora.

— O que adianta escapar? — respondo. — Fora daqui somos odiados. É como se vivêssemos em nossa própria fortaleza, mas sem muros.

XVIII.

No quarto ao lado, as meninas estão preparando uma apresentação especial. Somos convidadas e estamos bastante empolgadas.

Vamos à noite, depois do trabalho. O quarto está abarrotado de meninas, é quase impossível respirar lá dentro. Algumas se espremem no corredor e esticam os pés para poder assistir. Estamos curiosas.

As meninas do quarto ao lado nos convidam a cantar canções tchecas, algumas das quais minha mãe cantava para mim quando eu era bem pequena, antes dela partir, ou que costumávamos cantar na escola, com nossas amigas. A música tem o poder de nos transportar para fora daqui. Fecho os olhos e estou em casa, em Praga, minha cidade natal.

Depois das canções mais queridas de nossa terra, as meninas improvisam uma pequena peça teatral. As velas acesas, colocadas sobre malas e canecas, brilham e criam um clima de nostalgia. Por um instante, esqueço-me de onde estou e de quem eu sou, ou melhor, daquilo que os nazistas haviam me transformado. Não presto muita atenção na cena que se desenrola à minha frente, meus pensamentos estão longe. Já não sou mais uma prisioneira nessa cidade imunda, vivendo num quarto frio, quase sem comida. Estou em uma sala conhecida, visto roupas limpas, estou de banho tomado. Sou livre, muito além dos altos muros e portões do campo que nos encerram aqui dentro, que escondem do mundo livre tanto sofrimento e dor. As velas brilham sobre uma mesa farta. Meu pai e minhas amigas sentam-se ao redor e me aguardam para partilhar a comida. Estou em casa.

Naquela noite, as meninas do quarto ao lado conseguiram transformar uma apresentação teatral comum em algo extraordinário.

XIX.

A apresentação do quarto ao lado me fez chegar bem perto do lar, a ponto de quase tocá-lo. A saudade da vida anterior, livre, permanece em meu coração. Não conseguimos dormir. Depois que as luzes se apagaram, permanecemos acordadas, conversando baixinho sobre tudo o que sentimos nesta noite.

Nosso alojamento era como vaga-lumes na noite profunda, uma luz que nos guia em meio à escuridão. Amadureci ainda mais nos anos de guerra, minha infância definitivamente havia acabado. Sentia-me adulta, responsável por mim mesma e por quem estivesse ao meu lado. Havia conhecido o medo.

Graças às amizades que fiz em nosso lar, às atividades culturais que me davam alento e esperança e ao meu desejo de viver, estou conseguindo sobreviver um dia após o outro.

Volto à janela nesta manhã fria de inverno. A janela é o meu lugar favorito do quarto. De lá posso observar a vida além dos muros, a vida sem muros, livre, apesar da guerra.

Há alguns dias percebo um rapaz que também insiste em ficar na janela, como eu. Chamo Dora e mostro-o a ela. Dora também gosta da janela, mas tem medo das coisas terríveis que pode ver sem querer, como pessoas mortas pelo chão e as execuções que acontecem na praça central sempre que alguém é pego tentando escapar.

— Ele é bonito — diz Dora. — Como será seu nome?

Sim, ele é muito bonito, apesar dos anos de guerra estarem estampados em seu rosto e corpo. Observo aquele jovem rapaz de cabelos louros e finos e me pergunto se terei chance de me apaixonar algum dia.

Dora está fascinada, não consegue tirar os olhos dele. De repente, um aceno. Ele percebe que estamos falando dele e tenta ser simpático. Dora acena de volta.

— Acho que estou apaixonada — ela diz.

"Mas já?" — penso comigo.

— Somos prisioneiras, Dora, esqueça a paixão. Temos que sobreviver, apenas isso — respondo quase certa de que vou decepcionar minha amiga.

— Você precisa aprender a sonhar, Helena. A vida também é feita de sonhos, de magia.

Dei de ombros. O que me importava era apenas o fim da guerra e o retorno para casa.

***

Alguns dias depois, Eva invade o quarto e pede nossa atenção. Ela está eufórica. A liderança judaica está convidando todos do gueto para uma noite especial, um concerto com a famosa pianista tcheca Alice Herz-Sommer. Alice havia acabado de chegar ao campo, juntamente com seu marido e seu filho, Rafael.

Terezín era realmente um lugar único: um concerto de piano, apresentado por uma das maiores pianistas tchecas de todos os tempos em uma sala abarrotada de pessoas e, ao mesmo tempo, um transporte para os campos da morte programado para o dia seguinte.

Todas estão animadas, principalmente Dora: será que meu príncipe encantado estará lá?

Depois da agitação, sento no canto da treliche, pego um pedaço de papel e escrevo uma carta para Olga, minha querida amiga de Praga. Onde estará? Será que está a salvo? Como é viver a guerra fora do campo? Há comida ou as pessoas também passam fome? Essa carta nunca chegará em suas mãos.

Para *minha amada amiga*

Querida **Olga**, *quanta saudades! Como você está? Gostaria de saber notícias sobre a guerra, o que* **houve** *por aí.* **Já** *são muitos os mortos? Aqui onde estou, em Terezín, vemos corpos sem vida a todo momento, sempre que* **soa a sirene***.*

Sei que estamos em guerra, mas como andam os preparativos para suas viagens? Não me esqueci delas, **do** *mapa que você construiu com todos os lugares que deseja ir de* **barco***.*

Sei que não **devemos** *fazer planos em períodos turbulentos, mas quando fecho meus olhos, posso vê-la a* **navegar para** *muitos lugares, diferentes* **portos***, cidades, países.*

Oh, Olga, como a vida está sendo cruel comigo, primeiro mamãe e agora isso. Tenho medo deste lugar, tenho medo de ir a outros lugares **desconhecidos***. Nunca sei se irão me fazer mal. Meu coração bate forte com tanto medo.* **Ouve***.*

Espero em breve voltar para Praga. **Já é tempo***.*

Da sua amiga fiel,
Helena Mändlová.

como uma
fada madrinha

I.

Nosso alojamento é muito barulhento. As meninas falam sem parar, reclamam na maior parte do tempo. Distraio-me na janela, olhando o trânsito de pessoas. Procuro Erika e mamãe em cada rosto. Às vezes, eu as vejo buscando comida. Consegui cruzar com elas no campo por duas vezes desde que chegamos. Faz duas semanas que estamos aqui e a fome e o frio se tornaram meus companheiros constantes.

Saio pelas ruas de Terezín para procurar restos de comida ou cascas de batata. Helena não quer vir comigo, acha impossível encontrarmos comida no chão, mas, vez ou outra, encontro algo que pode ser aproveitável.

— Se houvesse qualquer coisa de comer no chão alguém encontraria antes de nós — ela afirma.

Helena é minha melhor amiga aqui no campo. Chegamos no mesmo dia e logo fizemos amizade. Foi algo bem natural. Ela tem os cabelos escuros, lisos e curtos e grandes olhos cor de amêndoas, lábios finos e um sorriso encantador. Helena tem a mesma idade que eu, mas parece mais velha, por ser mais alta e mais séria. Ela perdeu a mãe quando criança e foi criada pelo pai e a madrasta. Perdi meu pai quando tinha apenas dois anos de idade e sei como é difícil. A mãe de Helena morreu no parto, junto com o bebê. Ela me contou uma noite dessas, quando não conseguíamos dormir. O nome do bebê era Rebeca. Parece que a vida não tem sido fácil para nenhuma de nós duas e, agora, aqui no campo, as coisas também não são simples.

Hoje é domingo, não temos trabalho. Volto para o quarto e permaneço na janela, esperando que algo mágico ou sobrenatural aconteça e nos tire daqui. As meninas estão conversando e fazendo planos para o futuro, falam de comida — como sempre —, inventam cardápios para ocasiões especiais e discutem receitas. Fico de olho nos SS, caso algum deles entre em nosso alojamento para uma "visita".

***

Mais um grupo de prisioneiros chega. Coitados, mal sabem o que os espera. Logo conhecerão a fome e o frio. Olho atentamente para cada um, tento imaginar qual sua comida favorita, em que cidade viviam antes da deportação, com o que trabalhavam, se têm filhos, maridos, esposas, pai, mãe...

Entre a multidão, percebo uma mulher. Ela anda com determinação e tem ares de intelectual. Parece ser educada, talvez famosa. Ela é baixa, tem cabelos bem curtos e usa um vestido verde de mangas longas, na altura dos joelhos. Quem será essa mulher?

II.

Nossa cuidadora, Eva, disse que agora teremos permissão para visitar nossos familiares após o trabalho, aos sábados à tarde e aos domingos. Estou tão feliz! Mamãe e Erika são minha grande preocupação. Preciso ter certeza de que estão bem. Hoje mesmo vou ver mamãe em seu alojamento e visitar Erika no L318.

— Helena, venha comigo, vou visitar mamãe e Erika, você precisa vê-las novamente — digo, muito animada.

— Não posso, Dora, preciso ver papai, estou com muitas saudades — ela responde.

Combinamos que na próxima visita eu irei ver o pai de Helena e ela virá até o alojamento feminino ver mamãe e Erika.

Saio correndo pelas escadas. Trombo com um policial da guarda tcheca que me agarra pelo braço e diz que preciso parar de correr *A-GO-RA*, em alto e bom som. Fiquei aterrorizada. Tento ir mais devagar, mas a ansiedade é grande, preciso ver Erika primeiro, depois visito mamãe.

Passo pela porta do alojamento e corro em direção à praça central.

Desvio dos idosos. Tento caminhar mais calmamente. Viro a esquina no alojamento para mulheres e dou de cara com ela, a mulher de verde.

— Calma! — ela me diz. — Aonde você vai com tanta pressa? — E percebo que ela não é tcheca, pelo sotaque e por não falar minha língua corretamente.

— Estou indo ver minha irmã — respondo um pouco sem graça, não estou acostumada a falar com estranhos.

— Ah, que maravilha — ela diz com um sorriso bastante amigável. — É sempre bom estar perto da família.

— Sim — respondo.

— Então, boa visita — ela fala, de forma muito educada e elegante.

— Obrigada — respondo, tentando também ser educada e elegante.

E ela parte em direção à praça central.

Quem será essa mulher?

III.

Dormíamos, comíamos e vivíamos em nossas treliches. Nosso quarto é fedorento, superpopuloso e cheio de insetos. Aqui em Terezín, os quartos também são congelantes no inverno e extremamente quentes no verão. É o que dizem, por enquanto estamos enfrentando o inverno e não vejo a hora de sentir o calor do sol sobre a pele novamente.

Em nosso quarto há muita confusão e sujeira. Agora, a cal das paredes e do teto está descamando e precisamos fazer a limpeza pela manhã e à noite, antes de dormirmos. Nossas treliches estão caindo aos pedaços e as privadas dos banheiros quase sempre entupidas.

Somos contadas todos os dias pela Sra. Robiček, responsável pelas listas. Ela trabalha no escritório do L410, que fica ao lado da porta de entrada. Anota em detalhes todos os dados dos moradores do nosso alojamento. Também somos contadas na ronda noturna, realizada pelo responsável por nosso alojamento, Willy Groag. Todas as regras precisam ser seguidas, caso contrário seremos punidas pelo tribunal do campo, ou pior, pelos SS.

Todas as noites, nós, prisioneiros, temos programas culturais — concertos, peças de teatro, recitais de poesia e palestras —, nos sótãos ou porões dos alojamentos. Tudo clandestino, longe das vistas dos SS. Eu gosto das peças de teatro. Faz pouco tempo que estou aqui e já assisti a duas. Foram esplêndidas.

É final de ano. Tenho esperanças de que em janeiro ou fevereiro a guerra acabe e voltaremos para casa. Estou bem cansada daqui, do trabalho, da fome e da falta de privacidade.

11 de janeiro de 1943, segunda-feira.

Chegamos do trabalho e Eva nos conta que teremos uma surpresa hoje, uma aula especial. Ficamos todas bastante eufóricas, tentando adivinhar do que seria essa aula especial. Vamos buscar o jantar e comemos rapidamente, pois estamos ansiosas para saber quem virá ao nosso quarto.

Aulas são proibidas pelos alemães, então será como uma dessas atividades clandestinas a que estamos acostumadas aqui em Terezín.

— Será aula de dinamarquês — diz Hana —, comenta-se por aí que alguns dinamarqueses chegaram em Terezín.

— Claro que não, Hana — responde Helena. — Se tivessem que nos ensinar uma nova língua, seria alemão, assim poderemos entender os gritos dos SS.

— Não tem nada a ver com línguas, meninas — comenta Eva, amenizando o clima pesado que começava a se formar —, confiem em mim, vocês vão adorar.

As meninas ficam em alvoroço, falando sem parar.

IV.

Alguns minutos mais tarde, quando todas conseguem se acalmar, ouvimos alguém bater na porta do quarto: *toc — toc — toc*. Eva abriu um imenso sorriso e disse: "A surpresa chegou."

Descemos de nossas treliches e nos aglomeramos em frente à porta, ansiosas pela revelação. Eva faz suspense e demora um pouco para abri-la e.... Ah... era ela, lá, parada na nossa porta, sorrindo, com uma mala na mão direita. Era a mulher de vestido verde.

— Boa noite, meninas — ela disse, de forma muito carinhosa. — Meu nome é Frederika, mas podem me chamar de Friedl. Friedl Dicker-Brandeis. Sou artista plástica e serei sua professora de desenho e pintura.

Eu não podia acreditar! Uma artista! Será que ela é famosa? Teria trazido algum quadro consigo para nos mostrar? Eu sempre quis ter aulas de desenho e pintura, mas nunca tive oportunidade. Como eu estava feliz!

Helena olhou para mim e sorrimos uma para a outra. Tínhamos uma artista em carne e osso na nossa frente para nos ensinar a fazer coisas lindas. Apesar de toda aquela miséria, eu sabia que era capaz de criar beleza.

***

Vocês são minha primeira turma aqui em Terezín — disse Friedl, depois de entrar e se acomodar na única cadeira do quarto. — Estou um pouco nervosa. Querem perguntar algo antes de começarmos?

De repente, havia dez mãos levantadas ao mesmo tempo. Friedl riu.

— Ok, vamos lá. Vamos começar por você — E apontou para a Erika. — O que gostaria de saber?

— Você é artista de verdade? — perguntou Erika.

Friedl riu novamente.

— E o que seria uma "artista de verdade"? — perguntou Friedl, curiosa.

— Ah, você sabe, alguém muito conhecido, famoso — respondeu Erika.

— Hmmmm, entendi. Bom, acho que sou uma "artista de verdade" — disse Friedl de forma engraçada. — Estudei com importantes artistas e participei de diversas exposições em Viena, na Alemanha e em Praga. Também sou *designer*.

— *Designer*? O que é isso? — perguntei.

— *Designer* é o profissional que projeta diferentes coisas. Eu trabalhava como *designer* de interiores antes da guerra. Criava espaços bonitos e confortáveis para as pessoas habitarem — Friedl respondeu.

— Então você precisa dar um jeito no nosso quarto — disse Mary. E todas nós caímos na risada.

Friedl Dicker-Brandeis amava crianças e, com o tempo, nós passamos a amá-la também. Aquela mulher baixinha e empreendedora, de grandes olhos castanhos, tratava-nos com gentileza e muita paciência. Ela era muito imaginativa e usava sua intuição para perceber nossas principais necessidades. No tempo em que esteve em Terezín, Friedl trouxe esperança e paz para centenas de meninos e meninas, como eu e Helena, que estavam vulneráveis e famintos.

V.

Depois das apresentações e das inúmeras perguntas feitas por todas nós, começamos nossa primeira aula. Puxa, como estou empolgada! Amo fazer trabalhos artísticos, mas nunca havia tido aulas com uma artista.

— Vamos, meninas, organizem-se, por favor, vamos começar — disse Friedl. — Eva, você pode se revezar entre a janela e o corredor, observando se um SS aparece?

— Claro, Sra. Brandeis, claro — respondeu Eva.

— Sra. Brandeis, onde iremos desenhar? Não cabemos todas na mesa — disse Erika.

— Hummm, deixe-me ver como faremos isso — Friedl respondeu. — Voltem para suas treliches, teremos que trabalhar com o papel apoiado nos joelhos. Temos quatro lugares aqui na mesa. Venham ocupá-los as mais jovens, por favor. Teremos que improvisar, meninas. É isso ou nada! — E colocou as mãos na cintura sorrindo docemente para nós.

Friedl distribuiu papéis para cada uma de nós e lápis já utilizados. Fiquei decepcionada. O papel que eu recebi era de péssima qualidade, uma espécie de formulário do campo, amarelado e velho, preenchido de um dos lados. Olhei para as demais meninas e todas tinham papéis semelhantes. Helena estava ao meu lado, mas não tão animada quanto eu. Acho que ninguém estava tão animada quanto eu.

— Podemos desenhar o que quisermos? — perguntou Alice.

— Ainda não — respondeu Friedl. — Vamos fazer alguns exercícios para que a mão e o corpo de vocês fiquem mais, como posso dizer, soltos, livres.

Então, ela pediu que prestássemos atenção no ritmo de sua voz, nos concentrássemos, em total silêncio. Foi a primeira vez que houve silêncio no quarto.

— Percebam o ritmo da minha voz e desenhem linhas espirais baseadas nesse ritmo — disse Friedl suavemente. Ela sabia que os exercícios rítmicos aprendidos na **Bauhaus** com Johannes Itten, importante artista moderno suíço, poderiam trazer foco às meninas, além de desenvolver a coordenação.

— *Taaaa – taaaa – ta – ta – ta – taaaa – taaaa – ta – ta – ta...*

Depois de alguns minutos, Friedl passou a tamborilar outro ritmo, batendo a mão na mesa, e solicitou que criássemos formas não figurativas a partir dele. Estávamos realmente concentradas, mais do que em qualquer outra atividade no gueto. Surgiam imagens fantásticas sobre aquele papel amarelado, imagens que estavam dentro de nós e que ainda não conhecíamos, até aquele

A Bauhaus (do alemão: "casa da construção") foi uma escola de arte, *design* e arquitetura fundada pelo arquiteto alemão Walter Adolf Gropius em 1919, na cidade de Weimar, Alemanha. Na Bauhaus, estudava-se cor, formas, técnicas e experimentava-se diferentes materiais.

momento. Ela sabia que esses exercícios poderiam nos ajudar a encontrar novas e inusitadas formas de expressão.

— Muito bem, chega de exercícios por hoje. Alguma voluntária para me ajudar? — disse Friedl.

E, de repente, todas as mãos estavam levantadas.

— Hummm, ótimo! Deixe-me ver.... Você, pode ser minha ajudante hoje? — disse Friedl, olhando para mim. Meu coração disparou.

— Claro, sim, posso — disse, atrapalhada com tanta empolgação.

— Ótimo! Qual seu nome? — ela perguntou.

— Dora — respondi.

— Que lindo nome! Dora, abra minha mala e distribua os materiais. Temos lápis de cor, tinta aquarela, giz pastel, pincéis, cola, papéis coloridos, lápis grafite, carvão. Deixe que escolham os materiais que irão utilizar. Distribua também mais uma folha a cada menina, por favor.

— O que vamos fazer? — perguntou Hana.

— Escolham um material e experimentem sua textura na folha. Pensem de que modo podem trabalhar com ele — disse Friedl.

Fizemos o exercício proposto por Friedl, criando linhas, formas e manchas em um dos lados do papel.

— Agora — ela continuou —, fechem os olhos e se recordem de um dia bastante feliz, antes de virem para Terezín. Lembrem-se de onde estavam, quem estava com vocês, o que faziam e como se sentiam.

Friedl nos deu alguns minutos para rememorarmos uma lembrança feliz. Recordei o dia em que Elizabeth e eu passamos a tarde em uma piscina pública. Era verão e nos divertimos muito. Acho que esse foi um dos dias mais felizes da minha vida.

— Agora, registrem essas imagens no papel, tentem expressar o que sentiram neste dia — disse Friedl.

Peguei lápis grafite e giz pastel e comecei a desenhar. Tentei registrar todos os detalhes dos quais me recordava: pessoas sentadas à mesa tomando sol, Elizabeth nadando com uma boia, a água da piscina bem azul. Pronto, finalizado.

— Mostrem seus trabalhos às colegas. Falem um pouco sobre este dia especial — disse Friedl.

E todas nós tivemos a oportunidade de contar às nossas companheiras de quarto algo especial sobre a vida antes do campo.

Tudo passou como num sonho. Por alguns instantes, esqueci-me de tudo à minha volta.

VI.

Algumas semanas mais tarde, começamos a ter aulas no campo, organizadas pelo Conselho Judaico e pelo Departamento para o Bem-Estar da Juventude. Mais uma vez, uma atividade clandestina.

Eu gosto das aulas da Sra. Brumliková. Ela é uma excelente professora, consegue nos transportar para outros tempos e lugares. Embora eu não tenha passado pela Primeira Guerra Mundial, fiquei muito comovida com tudo o que ela nos contou. É como se eu pudesse voltar no tempo e estar lá, vendo tudo com meus próprios olhos. Eu e as outras meninas discutimos frequentemente sobre as coisas que têm afetado o mundo. Sobre povos, países e sobre a oportunidade de sermos educadas aqui no campo. Mas, apesar do talento da Sra. Brumliková para a História e a Geografia, minha aula favorita é a da Sra. Brandeis.

***

A Sra. Brandeis irá chegar em alguns minutos. Hoje é dia da nossa aula. Sento ao lado de Erika. Ela parece sempre muito triste. Pudera, está complemente sozinha no campo. Faço-lhe companhia, puxo conversa. Erika também ama as aulas de arte. Ela é uma excelente desenhista. "Terá uma vida e carreira promissoras, tenho certeza" — penso comigo mesma.

A porta se abre e lá está ela, pontualmente às 19 horas e 30 minutos.

— Boa noite, meninas! Quem pode me ajudar com as malas? Hoje, além dos materiais artísticos, trouxe outra surpresa para vocês — disse Friedl.

— Helena — ela continuou —, você pode me ajudar com os materiais hoje, por favor?

— Claro, Sra. Brandeis — disse Helena.

— Quem será o "olheiro"? — perguntou Ruth.

— Vamos sortear — disse Friedl.

E a sorte caiu sobre Marta dessa vez. Ela iria se dividir entre a janela e o corredor e ficar de olho para que os homens da SS não nos fizessem uma "visita" surpresa.

— Hoje trabalharemos com colagem, depois de algumas semanas dedicadas ao desenho de observação e à pintura de objetos. Vou mostrar a vocês uma obra de Vincent van Gogh e trabalharemos a partir do tema proposto pelo pintor — disse Friedl.

Vincent van Gogh? Quem seria esse? Nunca ouvi falar. Quando estava em Praga, tive oportunidade de ir ao Museu Nacional uma única vez. Fiquei muito impressionada com uma obra específica, de um artista que eu não me recordo o nome. Ele fez o retrato de uma senhora muito elegante, de cabelos negros presos e colo nu. Ela usava muitas joias, deve ser uma pessoa rica. O artista utilizou folhas de ouro no vestido da modelo, que se confunde com o fundo da tela. Era maravilhoso! Fiquei muito impressionada. Como um ser humano pode fazer algo tão belo?

Helena distribuiu papéis de diferentes cores às meninas e lápis grafite e colocou sobre a mesa algumas tesouras e um pote com cola.

— Helena, por favor, veja na minha mala o livro sobre Van Gogh — solicitou gentilmente Friedl. Helena começou a procurar entre os vários livros que Friedl havia trazido ao campo.

— É este, Sra. Brandeis? — perguntou Helena, segurando na mão direita um livro grosso, de capa azul, com o retrato de um homem de meia idade, ruivo, de paletó, barba e olhar sisudo.

— Este mesmo — respondeu Friedl.

Ela se sentou na cadeira e abriu o livro. Todas nos ajeitamos em nossas treliches para poder ver melhor. Algumas meninas se sentaram no chão, bem perto da professora. Quanto azul, amarelo, laranja. Friedl explicou que Van Gogh, artista holandês nascido em 1853, criou retratos, paisagens, naturezas-mortas e cenas cotidianas com bastante intensidade, expressando muita emoção por meio de linhas, formas e cores.

Ela nos contou que, certa vez, Van Gogh pintou o retrato de um amigo muito querido mudando as cores e criando um novo cenário. Ela leu em seu livro:

> — *"Exagerei a cor clara do cabelo, usei laranja, cromo e amarelo-limão, e por trás da cabeça não pintei a parede trivial do quarto, mas o Infinito. Fiz um fundo simples com o azul mais rico e intenso que a paleta era capaz de produzir. A luminosa cabeça loura sobressai desse fundo azul-forte misteriosamente, como uma estrela no firmamento."*

Por sorte, esse era um dos poucos livros de Friedl que estavam em tcheco. Fiquei interessadíssima por essa pintura. Como ela seria? Friedl nos mostrou:

— Retrato de Eugène Boch – eu li.

O contraste de cores e a expressão do modelo me deixaram sem palavras. Ele parecia olhar diretamente para mim. Pedi a Friedl para folhear o livro, se ela não se importasse. Ela sorriu, estendeu-o a mim e disse:

— Encante-se com Van Gogh, Dora.

Além de Van Gogh, Friedl trouxe para o campo livros com reproduções de pinturas de diversos mestres, artistas modernos e de épocas anteriores. Além de Van Gogh, ela nos mostrou pinturas de Vermeer, Lucas Cranach, Michelangelo Buonarroti, Giotto e Rembrandt. Friedl falava sempre de seus professores, principalmente de Franz Cižek, Johannes Itten e Paul Klee. Ela era fascinada por Klee e por tudo o que ele havia ensinado a ela na Bauhaus.

Devolvi o livro a Friedl e ela o abriu em uma pintura específica.
— Observem com atenção — ela disse.

Pude ouvir um "oh" entre as meninas. Quanta beleza. "Noite estrelada", uma das pinturas mais incríveis que havia visto em toda minha vida. Ela chamou atenção para a forma como Van Gogh havia utilizado o pincel e a tinta, para o movimento que ele havia criado, principalmente no céu e no cipreste no primeiro plano.

— Vamos fazer uma colagem inspirada nesta obra? Vocês não precisam utilizar as mesmas cores, afinal de contas, não temos papel azul. Capturem apenas o essencial e criem uma nova imagem.

No lugar de roupas, remédios e comida, Friedl decidiu ocupar sua pequena bagagem com lápis, pincéis, tintas, tecidos e livros. Os materiais que utilizávamos eram escassos, mas com eles criamos imagens inspiradas em nossa vida antes da guerra. Também aprendemos a dar forma a nossos medos. Algumas meninas desenhavam trens partindo de Terezín. Outras, caixões sendo levados ao necrotério ou carroças carregando os mortos. Friedl tornou o improvável possível.

— Coloquem as colagens sobre a mesa para que todas possam apreciá-las e comentá-las — disse Friedl quando todas nós havíamos finalizado a proposta.

A colagem de Helena chamou a atenção de todas nós. Era uma paisagem noturna, com estrelas, feita de sobras de papel e formulários nazistas reutilizados.

VII.

Queríamos partir, mas não podíamos. Friedl sabia que estávamos famintas e doentes e que tudo o que mais queríamos era o fim da guerra e o retorno ao lar, mas isso ela não podia nos dar. Ela era como uma fada madrinha, tornando alguns de nossos sonhos realidade, mas uma fada não muito poderosa. Por meio de suas aulas, ela nos aproximou das coisas que mais amávamos e queríamos naquele momento, mas não podia nos enviar de volta a elas.

Friedl tinha 44 anos quando chegou ao campo juntamente com seu marido, Pavel Brandeis, e sua amiga Laura Šimko, em 17 de dezembro de 1942, vinda de Hradec Králové. Por ser uma artista e *designer* reconhecida, Friedl foi imediatamente encaminhada ao Departamento Técnico, chefiado pelo artista Bedřich Fritta, uma espécie de escritório onde eram produzidos desenhos técnicos para o campo e outros trabalhos para os nazistas. Nesse local, artistas plásticos vindos de diversas partes da Tchecoslováquia criavam desenhos, pinturas e esboços que revelavam a dura realidade do cotidiano do campo. Tudo de forma clandestina.

Friedl foi convidada a integrar o grupo de artistas do campo, mas ela estava determinada a ensinar as crianças. Seu marido, que era carpinteiro, foi enviado ao alojamento masculino.

Friedl nasceu em 30 de julho de 1898, em Viena, capital da Áustria e, por isso, não falava tcheco muito bem. Desde muito jovem havia se interessado por arte, começando seus estudos aos 16 anos. Friedl explorou Viena, centro cultural da Europa naquele tempo, frequentando as exposições de Gustav Klimt, Egon Schiele e outros artistas. Como *designer* de interiores, trabalhou em Viena e em Praga projetando casas, apartamentos, lojas e escolas infantis.

Em Viena, foi aluna de Franz Cižek, importante arte-educador, e de Johannes Itten. Quando Itten foi convidado a dar aulas na Bauhaus, Friedl o acompanhou até a Alemanha. Na Bauhaus, Friedl foi aluna, além de Itten, de Georg Muche, Oskar Schlemmer, Wassily Kandinsky, Paul Klee, entre outros importantes artistas.

Ela não compreendia plenamente ainda, mas a influência que exercia sobre nós e as crianças e adolescentes dos outros quartos e alojamentos era enorme. Suas aulas nos davam um motivo para continuar.

Algumas vezes, Friedl contava histórias fantásticas e nos convidava a desenhar ou dizia "desenhe o que estiver em sua mente no momento ou algo que tem muita importância para você". Outras, definia um tema, geralmente referente a momentos e lugares anteriores à perseguição e deportação para Terezín, e pedia que registrássemos no papel todas as coisas das quais nos lembrávamos. Ela sempre mantinha nosso foco fora do campo.

Além dos materiais artísticos e dos livros, ela também trazia para suas aulas objetos, como vasos com flores, tamancos holandeses, bules de chá, copos, garrafas, frascos de perfume vazios, e pedia que os observássemos com atenção e os desenhássemos utilizando os materiais disponíveis.

Também havia ocasiões em que Friedl simplesmente pedia que olhássemos pela janela e desenhássemos o que víamos. Em uma dessas aulas, Helena fez um desenho que causou muita discussão em nosso quarto. Ela representou o mundo além dos muros, a vida que transcorre livremente e que ignora nosso sofrimento aqui em Terezín. Em seu desenho, o campo não possui muros, mas, mesmo assim, ainda estamos presas.

Discutimos o desenho de Helena e depois ficamos em silêncio. Será que alguém virá nos salvar?

O mundo além dos muros não é menos real só porque nós, prisioneiras, não conseguimos vê-lo.

VIII.

Fevereiro de 1943.

Chegamos do trabalho e aguardamos algumas das meninas buscarem o jantar. Cantamos algumas canções populares tchecas enquanto comemos. Olho pela janela e vejo meu príncipe, caminhando pela praça central. Como será seu nome? Será que já percebeu que eu existo? Encontraremo-nos algum dia? Ele irá se apaixonar por mim? Também observo uma movimentação estranha de pessoas caminhando pela praça central. Parecem estar vistoriando as instalações. Quem são?

Helena diz para eu tirar essa ideia da minha cabeça. Príncipes encantados não existem. Só o que é real é o campo e toda sua fome. Mas tenho certeza de que vou sobreviver e nos encontraremos em

Praga ou em qualquer outra cidade. Seremos felizes. Essa ideia me dá esperanças, ajuda-me a não desistir.

Conversamos animadas sobre as novidades do dia anterior: diversos educadores do campo estão planejando uma peça teatral, baseada no livro infantil Broučci (Vaga-lumes), de Jan Karafiát, e nós iremos desenhar e produzir os figurinos com os lençóis tingidos trazidos por Friedl na bagagem. Também usaremos sucata e qualquer material ou roupa que possa ser encontrado ou emprestado.

Os ensaios e preparativos para as apresentações acontecem no porão do nosso alojamento, onde podemos rechear as janelas com palha para abafar o som, e duram, em média, de uma a duas horas por dia. Eles são coordenados pela coreógrafa Kamilla Rosenbaum. Levamos cerca de quatro semanas para preparar todas as coisas. São aproximadamente 50 pessoas envolvidas nessa produção. Friedl lidera a confecção dos figurinos e Adolf Aussenberg e Franta Pick estão encarregados dos cenários. A Leo Haas foi feita a encomenda de um cartaz para divulgação da peça.

Trabalhamos arduamente para que tudo fique perfeito, dentro das possibilidades. Os meninos do alojamento ao lado também foram envolvidos. Alguns vêm até nosso porão à noite para discutir os detalhes. Somos uma equipe. Juntos, fizemos desenhos com ideias para o figurino. Decidimos que o figurino será baseado nos desenhos de Irena.

***

A peça estreou em um sótão poeirento. Foi um total sucesso! Outras apresentações foram realizadas em porões iluminados por velas e nos *halls* de alguns alojamentos. Era mágico assistir àquela produção, feita por nós mesmos, prisioneiros do campo. Mas, quando as cortinas se fechavam, voltávamos a Terezín.

Nós éramos os vaga-lumes, brilhando na escuridão de uma noite sem fim.

***

As aulas de desenho e pintura já fazem parte do nosso cotidiano no gueto. Algumas vezes, Friedl ministra aulas em seu próprio quarto, para que possamos nos reunir em um local diferente do lar. Ela também ensina em outros prédios, como nos lares das crianças menores, no alojamento dos meninos e no prédio dos doentes.

Ela observa-nos trabalhando com interesse, faz perguntas e sempre comenta nossas produções. Cria grupos, divide as tarefas, dá um jeito para que todas as meninas do quarto participem das atividades. Também nos encoraja a seguir nossas próprias ideias e formas de expressão.

Eu era muito jovem para perceber quão terrível era aquela situação. Estávamos ocupadas pensando em como nos manter protegidas do frio, limpas e em como eliminar nossos piolhos. Também ficávamos imaginando meios de conseguir comida extra para matar a fome. Comida era nosso principal tópico de conversa. O fato de nos mantermos ocupadas o tempo todo nos ajudava a sobreviver.

***

Eu tenho muita imaginação e sou sonhadora. Helena e eu temos pontos de vista diferentes sobre toda esta situação. Sei que em breve estarei em casa. Nada de mau pode acontecer, afinal de contas, quem faria mal a uma criança?

Ontem Friedl nos reuniu e contou uma história maravilhosa, com duendes, dragões e princesas, depois nos convidou a desenhar. Eu me imaginei como uma princesa, que no final se casa com o príncipe e vive feliz para sempre. Os dragões existem nessa história e tentam destruir a princesa, mas o poder de sua bondade pode sobrepujar todas as coisas. Eu não acredito nessa história de câmaras de gás e fornos crematórios. Inventaram tantas mentiras sobre nós, judeus, que certamente isso também é uma invenção. Eles tentam nos atingir com seus gritos e ordens, mas não podem nos ferir.

Será?

Em setembro de 1943, os transportes para o Leste incluíram 285 crianças com idade abaixo de 14 anos. Algumas de nossas colegas partiram. Nossa querida professora ficou com o coração partido ao ver que alguns de seus alunos mais talentosos haviam sido colocados nos transportes. Apesar de ela e outros educadores procurarem proteger as crianças e adolescentes do gueto, as convocações não podem ser frustradas.

Novembro de 1943.

Para agravar ainda mais a situação, fomos, quase todas no abrigo feminino, diagnosticadas com encefalite, ou "doença do sono", como chamamos aqui. Além da diarreia, da icterícia e do tifo, agora estamos lidando com uma nova doença. Muitos adultos também contraíram encefalite.

IX.

O tempo passa de forma diferente aqui no campo. Na verdade, ao contrário do Coelho Branco de Alice que corre, corre sem parar, aqui o tempo passa lentamente, ainda mais quando estamos doentes. Confundimos os dias e apenas nos organizamos por conta do trabalho e do *Shabat*.

Estamos no início de 1944, já faz mais de um ano que chegamos aqui. Parece toda uma vida. Já nos acostumamos a viver em meio ao mau cheiro e à sujeira, a comer mal, dormir mal e sentir-nos mal. Às vezes, tenho vontade de me olhar no espelho, se eu tivesse um, mas ao mesmo tempo tenho medo da imagem projetada. "Espelho, espelho meu, existe alguém mais faminta do que eu?", é o que tenho em mente. Pelo menos a bruxa não pode me assar. Meus dedinhos estão tão magros que eu não seria uma boa refeição. Somos como João e Maria, perdidos no meio da floresta escura, buscando nossa casa de doces. Como sinto fome...

Inventávamos almoços imaginários, com pratos de mentira. Brincávamos de mastigar diferentes coisas e as sentíamos descendo pela garganta. Convidávamos umas às outras para jantares requintados, com mesa farta e boa comida. Convidei todas as meninas do quarto para um jantar em minha casa depois da guerra. Discutimos o cardápio e entramos num acordo sobre quais pratos mamãe e eu faríamos para recebê-las. Pato assado com peras e *strudel* de damasco, minha sobremesa favorita.

Friedl está nos ensinando coisas novas. Ela diz que são técnicas, que precisamos aprender técnicas para nos expressar melhor: claro e escuro, perspectiva. Ela também nos explica a teoria das cores. Nunca imaginei que com apenas azul, amarelo e magenta pudéssemos criar todas as outras cores. Isso é fantástico! Uso o branco e o magenta para criar tons de rosa, minha cor favorita. Tom, sim, as cores têm tons diferentes, mais claros e mais escuros.

— Muito bem, vamos colocar a teoria em prática — disse Friedl. — Façam alguma coisa realmente escura no papel e algo brilhante. Quero que criem contraste entre luz e sombra. Sejam criativas.

Observo Lilly trabalhar. Ela é nossa nova colega de quarto, chegou há pouco, e esta é sua primeira aula com Friedl. Ela é mais velha, tem cerca de 16 anos e é muito atenciosa.

Friedl se aproxima de Lilly e diz:

— Você precisa de luz aqui para definir a escuridão, e escuridão aqui para definir a luz — E aponta para os dois extremos da folha.

Lilly utilizou preto e azul do lado esquerdo, para criar a escuridão. Também construiu um barco na noite intensa. Do lado oposto, ela deixou transparecer a cor do papel ao redor da vela, principal fonte de luz da pintura, e criou suaves gradações de vermelho no casco do barco. A noite se completa com as estrelas e a lua, em amarelo, que se destacam ao fundo. É um pequeno barco navegando na direção de uma tempestade. A vela, a lua e as estrelas iluminam seu caminho e lhe dão esperança.

X.

Estávamos quase mortas de fome, doentes, e desenhávamos mesmo nessas condições. Logo que as aulas foram instituídas, professores e alunos compreenderam que se engajar em atividades artísticas, fossem elas desenho ou música, poderia devolver um pouco daquilo que os nazistas estavam a todo custo tentando arrancar de cada prisioneiro: seu senso de humanidade. Naquela situação, a arte havia restituído nossa condição humana.

Friedl trabalhou com crianças antes de ser enviada para Terezín. Ela sabia que lá haveria crianças e adolescentes sozinhos e aflitos. Enquanto empacotava sua bagagem, teve a ideia de levar para o campo materiais artísticos e organizar aulas. Ela bolou um plano: por meio da arte, poderia ajudá-los a lutar contra o nazismo.

Nos momentos em que fomos ensinados por Friedl, surgiram imagens, memórias e sonhos: crianças brincando, mesas com farta comida, nosso lar. Todas essas memórias foram ganhando vida por meio de desenhos, pinturas e colagens e nos alegrávamos só de observar as imagens mais queridas ganharem vida entre as paredes imundas de nossa prisão.

Estávamos presos, mas éramos livres.

Nossa professora entendia que a arte podia nos ajudar a resistir, se não sobrepujar, a toda a miséria a qual fomos submetidos. Ela nos capacitou a criar e a encontrar paz e dignidade em meio ao desespero. Os desenhos, as pinturas e as colagens são o último testamento de sua influência no mundo e prova de que nós estivemos aqui, em Terezín.

Ela viu além de crianças imundas e famintas, viu nosso desejo de sobreviver. Ensinou-nos mais do que desenhar, pintar, observar o mundo ou expressar nossos sentimentos. Ela nos fez acreditar que não pertencíamos àquele lugar. Friedl nos ensinou a ver com olhos livres.

***

Em 28 de setembro de 1944, Pavel Brandeis, seu marido, foi enviado para o Leste em um transporte de trabalhadores.

Friedl desistiu de lutar e ofereceu-se para ir também. Em 6 de outubro de 1944, apenas alguns dias depois, Friedl e 30 de seus amados estudantes foram enviados para Auschwitz-Birkenau. Pavel sobreviveu à guerra.

Friedl guardou todos os trabalhos artísticos feitos pelas crianças em duas malas. Antes de partir, ela escondeu as malas no sótão do alojamento L410. Das cerca de 15.000 crianças e adolescentes que passaram por Terezín, apenas 93 sobreviveram à guerra. Seus trabalhos artísticos permanecem como testemunho de sua vida e espírito.

No último cartão postal que enviou à sua querida amiga Hilde Kothny, Friedl escreveu:

"Eu me tornei mais corajosa do que poderia imaginar."

Brundibár

I.

— Dora, Dora, acorde — ouvi alguém me chamando, enquanto chacoalhava meus braços. Era Helena.

— Dê uma olhada pela janela. Temos visitantes. Parecem vir de Berlim.

Levantei da cama e corri para a janela. Era verdade. Um grupo de mais ou menos 30 pessoas caminha pela praça central. Eles têm uniformes diferentes daqueles usados pelos SS do campo. De tempos em tempos param, apontam para algum lugar e discutem. Um deles presta bastante atenção e faz anotações em uma espécie de bloco de papel. O que será que estão tramando?

— Acho que vieram construir uma câmara de gás aqui, assim poupam o trabalho de nos enviar para o Leste — disse Helena.

— Não diga essas bobagens, Helena, não vamos morrer!! — repliquei, um tanto quanto impaciente.

"Queria ler lábios, quem sabe eu pudesse descobrir sobre o que falam", pensei em voz alta.

— Acorde, Dora, você não fala alemão. De que adiantaria ler lábios se não conhece a língua? — perguntou Helena quase rindo.

É verdade, de que adianta? Como eu queria saber essa língua. Talvez pudesse descobrir alguma coisa, ouvir alguma conversa pelos corredores, na praça, nas filas.

Hoje é sábado, mas não podemos visitar nossos familiares. As regras aqui mudam a todo momento. Acho que os nazistas fazem de propósito. Querem nos deixar loucos.

Ainda estamos saboreando a última apresentação de Brouč-ci, que aconteceu na quinta-feira à noite. Como sinto orgulho de cada um de nós, demos o nosso melhor e fizemos a alegria de muitas crianças. Antes do encerramento das apresentações, Friedl nos contou que teremos mais trabalho pela frente, faremos algo ainda maior que Broučci. Dessa vez quero atuar, não apenas ficar nos bastidores. Quem sabe eu tenha talento para o teatro? Por que não?

Teremos aula com Friedl na segunda-feira. Ela nos contará mais detalhes, tenho certeza. Preciso ter paciência e esperar até lá. Volto os olhos para a janela. Eles ainda estão lá, apontando para todo lugar e discutindo sem parar. Um deles, o mais gordo de todos, parece perder a paciência e gesticula como um louco. Será que um dia descobriremos o que está acontecendo? Estaria ele nervoso porque a guerra está chegando ao fim? Volto à minha treliche e deito a cabeça no colo de Helena. Será que a guerra vai terminar?

II.

Friedl entrou em nosso quarto com um sorriso imenso. Aposto que ela traz notícias sobre a nova produção. Estamos ansiosas para ouvir as novidades.

Algo que jamais poderei esquecer é o amor e a dedicação que recebemos de nossos professores, cuidadores e de diversos artistas no campo. Em tempos de guerra, muitas pessoas se concentraram em sua própria sobrevivência. Outras, como os adultos que cuidavam de nós, doaram de si mesmas para nos salvar. Serei para sempre grata, é o mínimo que posso fazer.

"Brundibár". Lembro-me de Friedl dizendo pausadamente essa palavra. Seria nossa próxima produção. Naquela época, julho de 1943, não fazíamos ideia de que Brundibár, a ópera infantil, se transformaria num símbolo de esperança para todos nós, prisioneiros do campo.

***

Em 7 de julho de 1943, chegou a Terezín mais um transporte. Ele trouxe as últimas crianças que restavam no Orfanato Judeu de Praga. Todos no campo foram informados da chegada desse transporte, principalmente as crianças que haviam vivido lá antes de virem para Terezín.

As crianças desembarcaram do trem bastante assustadas e foram encaminhadas para a entrada do campo. Ota Freudenfeld, diretor do Orfanato, e seu filho Rudolf caminharam entre as crianças até o alojamento L318. Ao redor do bloqueio, que evitava o contato dos prisioneiros antigos com os recém-chegados, dezenas de crianças do Orfanato, já afetadas pela fome, saudavam carinhosamente o diretor e os companheiros que acabavam de chegar.

As crianças recém-chegadas e seus cuidadores foram homenageados naquela mesma noite com uma apresentação especial, com Rafael Schächter ao piano. Rudolf ficou extremamente tocado pelo concerto. Na verdade, ele ficou ainda mais tocado pela coragem e determinação dos artistas em promover atividades culturais naquele lugar terrível. Foi então que se lembrou de Brundibár, a ópera apresentada pelas crianças do Orfanato há alguns anos, antes da guerra. Será que ela não poderia ser adaptada, ensaiada e apresentada aqui, em Terezín? Era um plano audacioso.

A ideia se espalhou como folhas secas na ventania. Rudolf pegou as partituras e as apresentou a alguns músicos renomados do campo. Não tínhamos todos os instrumentos musicais de uma orquestra, os metais, as cordas, as madeiras, a percussão, mas era possível uma adaptação.

A ópera havia sido escrita em Praga, em 1938, pelo compositor tcheco Hans Krása e seu amigo, o escritor e artista Adolf Hoffmeister. Fora composta especialmente para as crianças do Orfanato. Krása e Hoffmeister certamente nunca imaginaram que Brundibár, anos depois, seria apresentada em um campo de concentração nazista por um grupo de crianças e adolescentes desesperadamente famintos. Também não imaginavam a importância daqueles versos, cantados com entusiasmo por crianças que se identificavam com os protagonistas da ópera que, por sua vez, haviam sido injustiçados pelo antagonista, o tocador de realejo. Hitler também estava tentando nos destruir. Não com o som do realejo, como na ópera, mas com suas ordens inimigas: "Para o transporte, todos vocês!"

Assim como nós, Hans Krása também era prisioneiro em Terezín. Impossível acreditar em coincidências. Brundibár havia sido composta para mudar nossas vidas dentro do campo. Em pouco tempo, Krása reescreveu a partitura, adaptando-a para os instrumentos disponíveis. Agora, era só convidar os músicos, encontrar os atores e começar os ensaios. Brundibár se tornaria realidade.

III.

Nossa cuidadora, Eva, andava numa corda bamba. Ela precisava o tempo todo encontrar equilíbrio entre o rigor e a tolerância. Eva sabia que estávamos cansadas da rotina extenuante do campo, mas, ao mesmo tempo, também sabia que não podíamos chamar atenção dos nazistas. Ela tentava a todo custo estabelecer uma base de harmonia e paz em nosso lar. Para tanto, usava toda sua criatividade e empatia, desenvolvendo jogos, concursos, propondo desafios ou nos ajudando a escrever pequenas peças de teatro que encenávamos para nós mesmas.

Éramos sua prioridade e, às vezes, esquecíamo-nos de que ela também estava faminta, com saudades de casa e que também sentia medo. Eva era apenas dois anos mais velha do que a mais velha de nós.

Chegamos a um ponto de total indisciplina. Estávamos sendo desrespeitosas umas com as outras, egoístas e intolerantes. Reclamávamos a todo momento e sempre surgia uma briga entre nós. Neste dia, 9 de julho de 1943, Eva chamou nossa atenção severamente.

— Precisamos melhorar, Helena, Eva tem razão, estamos passando dos limites — eu disse.

— Sim, Doris (Helena gostava de me chamar assim), concordo, passamos dos limites — ela respondeu.

Algumas de nossas companheiras de quarto também perceberam que a situação estava insustentável e que precisávamos melhorar nosso comportamento. Começávamos a ter sentimentos novos, principalmente pelos meninos do L417, sentimentos diferentes de tudo o que já havíamos experimentado antes, muitas vezes não correspondidos. Toda essa situação, o campo, a adolescência, aflorava em nós muitos questionamentos e emoções. Não é fácil ser adolescente. Nosso corpo está mudando e nos sentimos inseguras com a própria imagem. Imagem? Eu nem me lembro mais do meu rosto. Devo estar tão magra... Quem vai gostar de mim? Pelo menos descobri o nome do meu príncipe encantado. É Bedřich.

***

Apesar de nossa teimosia e malcriação, Eva trouxe boas notícias esta manhã:

— As audições vão começar. Irão escolher o elenco para Brundibár.

— Uau! Que maravilha — digo extremamente empolgada.

As outras meninas também vibram. Helena diz que prefere ficar atrás das cortinas, gosta mesmo é de ler e escrever e talvez possa colaborar com as mudanças que irão ocorrer no roteiro.

— Os testes começam amanhã — diz Eva. — Quem gostaria de se inscrever?

Algumas meninas ficam um pouco constrangidas. Atuar na frente de muitas pessoas, fazer um teste para profissionais renomados... parece muita pressão.

— Eu vou! — digo sem pensar muito. — Quero participar e o medo e a vergonha não vão me impedir.

Alice, Mary, Erika, Anna e Hana também levantam as mãos.

— Muito bem — diz Eva. — Vou passar os nomes para Rafael Schächter e Rudolf Freudenfeld, eles são os responsáveis pelo *casting*. Mas, já vou avisando, se o comportamento de vocês piorar, peço para que saiam da lista.

IV.

Somos uma ilha num mar revolto. Ao nosso redor, os alemães avançam e espalham terror por onde passam: Polônia, França, Holanda, Dinamarca, Noruega, Bélgica. Apesar da guerra, que não dá trégua, conseguimos nos concentrar em Brundibár.

Poucas pessoas serão escolhidas para os papéis principais e outras serão escaladas para ajudar de diferentes formas, principalmente com os cenários e os figurinos. Depois de muita insistência de minha parte, Helena candidatou-se para ajudar com os roteiros e foi escolhida.

Os testes estão acontecendo no sótão do alojamento dos meninos. Subo as escadas junto com minhas colegas de quarto e cruzo os dedos esperando encontrar com Bedřich. Entro numa sala pouco iluminada e bastante empoeirada. Lá estão Rafael e Rudolf. Sinto um frio na barriga, quero muito conseguir um papel. Eles estão bem concentrados, prestando total atenção às performances que se desenrolam à sua frente. Estão decididos a encontrar a pessoa certa para cada papel.

Após alguns minutos, Rafael diz:

— Vocês são *as meninas do quarto 28*?

— Sim — respondemos praticamente em uníssono.

— Ótimo. Podem vir até aqui — ele diz de forma bem amigável.

Eu tremia de medo. Rudolf olhou diretamente para mim e disse:

— Você poderia cantar uma canção?

— Qualquer uma? — perguntei.

— Sim — ele sorriu —, qualquer uma.

Penso, penso, penso. Não posso errar a escolha. É tudo ou nada agora. Provavelmente não terei outra chance. "Vamos, Dora, pense." Já sei. A canção que costumava cantar com Elizabeth. Ela sempre dizia que eu cantava muito bem. Começo. Ainda estou nervosa. Desafino um pouco, depois entro no tom correto. Consigo alcançar as notas mais altas e não me saio tão mal nas mais baixas. Será que fui bem?

— O gato, você vai ser o gato — disse Rudolf.

— O quê? Um gato? Como assim? — perguntei meio atrapalhada.

— Sim, você fará o papel do gato. O gato é um dos principais papéis neste musical. Ele é amigo dos protagonistas, Aninka e Pepíček.

— Que extraordinário! — gritei imediatamente. Como estou feliz! Preciso contar para mamãe e Erika, elas vão vibrar de alegria e ter muito orgulho de mim.

— Os ensaios ocorrerão aqui mesmo, todas as noites. Se você faltar, colocaremos outra pessoa em seu lugar — alertou Rafael.

— E quem serão os protagonistas? Posso saber? — perguntei curiosa.

— Claro, eles estão ali, sentados naquele canto — disse Rafael. — Bedřich e Greta, deem um "oi" para Dora, ela fará parte do elenco — ele continuou.

Não posso acreditar. É ele? Sim, é ele, meu príncipe encantado. Estaremos juntos nos ensaios. É um sonho se tornando realidade.

Bedřich se aproximou, estendeu a mão e sorriu dizendo:
— Bem-vinda ao grupo — Meu coração disparou. Fiquei de boca aberta, apenas olhando para ele, sem reação. Sua mão é tão macia... Além de lindo, é educado e gentil. Um verdadeiro príncipe, sim, isso mesmo.

V.

Infelizmente, nem todas as minhas colegas tiveram a mesma sorte que eu. Algumas não passaram nos testes, mas foram convidadas para o coral. Apenas Alice foi escolhida para um papel de destaque, como o meu. Ela fará o pássaro, outro amigo dos protagonistas. O pequeno Míša, do L417, ficou com o papel do cachorro, o terceiro amigo de Aninka e Pepíček.

Greta, que fará o papel de Aninka, é uma menina muito talentosa. Eu já a vi cantando em outras apresentações, inclusive com acompanhamento ao piano de Rafael. Fiquei com ciúmes dela estar mais perto de Bedřich do que eu. Espero que não esteja interessada. Aliás, ciúmes é uma coisa comum no nosso cotidiano. Quando uma das meninas dá mais atenção à outra, que não é sua amiga mais próxima, a confusão está formada.

Em pouco tempo, todos os papéis haviam sido atribuídos: o padeiro, o leiteiro, o vendedor de sorvetes, o policial e o tocador de realejo. Além do coro de crianças, também foram escolhidos alguns atores para interpretar os frequentadores do mercado.

O papel-título da ópera, Brundibár, foi dado a um órfão de Plzeň, uma das maiores cidades da Tchecoslováquia, próxima à fronteira com a Alemanha. Durante os ensaios, Rudolf nos contou que Honza Treichlinger, o garoto escolhido para viver Brundibár, havia praticamente implorado para interpretar esse papel. Ríamos muito com a história de como Honza abordou Rudolf no lavatório do L417. Honza se tornou conhecido em todo o campo por sua performance como o tocador de realejo cruel que pretende destruir os planos de Aninka e Pepíček. Ele foi perfeito.

Aquele sótão escuro e abafado passou a ser frequentado por dezenas de crianças e adolescentes: o coro, os figurantes, os atores escolhidos para os papéis principais e seus substitutos. Sim, nós tínhamos substitutos por uma simples razão: além das doenças que assolavam o campo e tiravam vidas, nós estávamos na mira dos transportes.

O filho da pianista tcheca Alice Herz-Sommer também estava ensaiando para ser o pássaro. Petr, amigo de Bedřich, ensaiava o papel de Pepíček e sua irmã, Maria, o papel de Aninka como substituta. Minha substituta era Lisa, do quarto 24. Ela estava ansiosa pela chance de se apresentar.

Para mim, naquele momento, o mundo girava em torno de Brundibár, Rudolf e Rafael, que ensaiavam conosco todas as noites incansavelmente. Durante o dia, Rudolf trabalhava em uma mina alemã, situada em Leitmeritz. Ele chegava exausto e encharcado de suor. Mas isso não o impedia de fazer um trabalho excelente, mesmo sendo difícil manter cerca de 50 crianças em silêncio para que os nazistas não nos descobrissem.

O que nos mantinha focados, todos nós, era a certeza de que no final faríamos um trabalho excelente. Tudo isso tinha a ver mais com o enfoque que dávamos às nossas vidas do que com as circunstâncias. Contávamos as novidades para nossos parentes e amigos. Tínhamos orgulho de fazer parte dessa produção, de termos sido escolhidos em meio a centenas de crianças. Hans Krása nos acompanhava atentamente, todos os dias. Ele queria garantir o sucesso de Brundibár em Terezín.

VI.

Sem dúvida, Brundibár foi o auge da produção artística e cultural em Terezín. A ópera foi apresentada 55 vezes e sofreu inúmeras reformulações porque os membros do elenco e músicos frequentemente eram enviados nos transportes.

Brundibár narra a história dos irmãos Aninka e Pepíček e de seus amigos, um cachorro, um gato e um pássaro. A mãe de

Aninka e Pepíček está muito doente e as crianças precisam comprar leite para que ela possa se recuperar.

Aninka e Pepíček vão ao mercado, mas não têm dinheiro. As crianças percebem que os passantes dão moedas ao tocador de realejo e têm a ideia de conseguir dinheiro cantando. Os irmãos começam a cantar, mas suas vozes fracas são abafadas pelo som do realejo.

Vendo a dificuldade das crianças, os animais da cidade os aconselham a formar um coro para combater o som do realejo e recitam o provérbio: "Muitos cães são a morte da lebre." Nesse momento, muitas vozes se unem ao grupo para vencer Brundibár. Depois do confronto, as personagens cantam o coro final: "Nós vencemos porque não desistimos."

Em Praga, a ópera tinha como tema a frase: "Se todos nos unirmos em uma única causa, iremos vencer." Em Terezín, Krása mudou o tema para: "Quem ama a justiça não deve ter medo. Quem ama a justiça é nosso amigo."

Nós, que ensaiávamos a peça noite após noite, rapidamente relacionamos a fantasia à nossa própria situação no campo e, mesmo nos ensaios, vibrávamos quando o vilão Brundibár era derrotado no final. A ópera Brundibár não era sobre Aninka e Pepíček, sobre animais que falam ou sobre como conseguir leite. Para nós, Brundibár era sobre a vitória do bem contra o mal.

VII.

22 de setembro de 1943.

Falta um dia para a estreia de Brundibár. Estamos todos muito ansiosos. Estamos ensaiando há semanas e tivemos que decorar músicas, passos de dança, falas e as entradas e saídas de cena.

Amanhã também é aniversário de Rudi, como carinhosamente chamamos Rudolf. Nosso maior presente será uma estreia perfeita. Estamos no porão no L417 repassando alguns passos de valsa com Kamilla Rosenbaum, a coreógrafa, a mesma que nos ensaiou para Broučci. É nosso último ensaio e estou bem segura, sei todas as músicas e falas.

— Um, dois, três, pé esquerdo à frente, pé direito para fora, e um, dois, três, novamente, pé esquerdo para frente.

— Agora só os meninos, vamos lá. Um, dois, três, ombros para trás, cabeça para frente, braços na altura dos olhos. E um, dois, três, mais uma vez, pé esquerdo para o lado e rodando, rodando.

Posso dizer que aprendi a dançar e a atuar aqui, no campo. Irei usar tudo o que aprendi em Terezín quando voltar a Praga, inclusive as técnicas de desenho e pintura. Talvez tudo isso tenha um propósito. Estou tentando descobrir qual. Os Aliados haviam desembarcado na Itália e estávamos cheios de esperança.

— Dora, preciso ensaiar um pouco mais o coro e Anna precisa estar lá. Você poderia ficar de vigia no corredor, de olho nos SS, por favor? — pede Rudi.

— Claro, já repassei minhas falas — respondi.

Tínhamos um esquema de segurança para que os SS não nos descobrissem. Subíamos para o sótão em grupos pequenos e em horários diferentes. Sempre havia um olheiro que nos avisava caso um SS se aproximasse.

Hoje estamos no porão. Há uma palestra acontecendo no sótão e Rafael informou a todos que viessem para cá.

Vou até a porta e, vez ou outra, coloco a cabeça para fora e espio se há perigo. Nada. Já é tarde, acho que os SS já foram dormir. Ufa! Que bom, eles me dão muito medo. Fico congelada apenas quando um deles olha diretamente para mim.

O coro está ensaiando a canção final. É a mais bonita de todas, na minha opinião, porque tem um verso com significado especial para nós: "Brundibár está derrotado, nós vencemos." Sim, nós vencemos. Estou fascinada pelos acordes do piano, pelo som do violino, pela música que sai com tanta força e energia de cada criança do coro. Distraio-me a tal ponto que esqueço da porta, do corredor, dos nazistas.

— Dora, Dora, acorde, a porta — lembra-me Helena.

— Sim, sim, vou espiar — respondi.

Abro a porta do porão lentamente e coloco um olho para fora, a fim de verificar se "visitantes" se aproximam. Deparo-me com um uniforme preto, botões e algumas insígnias. Tem alguma coisa do lado de fora. Levanto os olhos e quase desmaio de susto. É um nazista! Estamos mortos.

— O que você está fazendo aí, menina? — ele pergunta.

— Nada — respondi com a voz trêmula.

— Nada? Então me deixe ver o "nada" que está aí dentro — E ele abruptamente me empurra e abre a porta. Fomos descobertos.

— Muito bem, o que é isso? Posso saber? — pergunta o SS.

— Estamos apenas fazendo uma atividade com as crianças — disse Rafael.

— Cenários, figurinos, um piano. Ou sou muito estúpido, ou vocês estão ensaiando uma peça teatral, um musical talvez — disse o SS, cheio de sarcasmo.

— Mas podemos fazer algumas atividades com as crianças — retruca Rafael.

— Não teatro! — diz irritado o SS.

— O que vai acontecer? — pergunta corajosamente Rudi.

— Para sorte de vocês, estamos interessados no seu teatro — responde o SS. — Queremos assisti-lo.

— Não vão nos mandar para o Leste? — pergunta Kamilla.

— Como eu disse, judia insolente e imunda, estamos interessados no seu teatro — disse o SS com um olhar congelante. — Deixem tudo pronto para amanhã, 19 horas no alojamento Magdeburgo. Não se atrasem — E saiu como uma sombra que se arrasta pelo chão.

Juntamo-nos rapidamente. Alguns estão tremendo de medo.

— O que está acontecendo? Por que não fomos mortos ou punidos? É muito estranho — disse Greta.

— Não sei — respondeu Rafael —, mas se eles querem uma apresentação, é isso que vão ter.

VIII.

23 de setembro de 1943.

A notícia de que a estreia de Brundibár foi alterada para o anfiteatro do alojamento Magdeburgo por conta da descoberta dos nazistas chegou rapidamente a todos no campo. Aqui, as notícias correm como fogo ateado a uma fileira de pólvora. Estávamos nervosos pela estreia e apavorados com a presença dos nazistas. Perguntávamo-nos a todo instante o que eles queriam conosco e com nossa ópera.

Centenas de pessoas se acomodam no anfiteatro, a grande maioria crianças. Procuro mamãe e Erika. Elas estão lá trás, em uma das últimas fileiras. As portas estão abertas e, pela cortina entreaberta do palco, podemos ver muitas pessoas do lado de fora se espremendo. Não há mais lugar. Todos querem assistir àquilo que é o assunto mais comentado há semanas: uma ópera para crianças feita por crianças. Mas os adultos também estão aqui. Eles também querem assistir a Brundibár. Nas primeiras fileiras vejo Hans Krása, Rafael, o arquiteto František Zelenka, que havia projetado os cenários, e o pai de Rudi, Ota. Eles parecem agitados. Devem estar nervosos também.

Em bastidores improvisados, esperamos ansiosamente as cortinas se abrirem. Repassamos nossas falas com os colegas, cantarolamos as músicas e ajeitamos nossos figurinos e maquiagem.

Meu figurino é todo preto. Visto uma calça de esqui e um suéter, ambos emprestados. Friedl pintou meu rosto com pó branco e fez bigodes de gato nas minhas bochechas. Passei cera preta de sapato nos pés e pronto, sou uma linda gatinha.

Continuamos espiando pela fresta da cortina. Podemos ver a todos, mas eles não conseguem nos ver. De repente, observamos um espaço sendo aberto entre os espectadores, que se afastam como se um leproso entrasse pela porta. São os SS. Eles chegaram. Caminham até as primeiras fileiras e ordenam às pessoas que se levantem para que possam sentar. Ordenam também que todos ao redor se retirem. Não querem ficar perto de judeus. O SS que nos descobriu está entre eles. Ele é jovem e muito bonito. Não deve ser muito mais velho do que nós. Mas por que estamos em posições tão diferentes? Não vejo diferença entre ele e eu. Só o fato de eu ser judia e ele não. Como será seu nome? Não faço ideia. Vou dar-lhe um nome: Sr. Morte. É perfeito para ele.

Aqui onde estamos, a iluminação é fraca e prestamos atenção nos músicos que se preparam, tocando alguns acordes e trechos das canções que iremos cantar. Nossa ópera será acompanhada por músicos renomados, como Karel Fröhlich, Fritzek Weiss e Gideon Klein.

Tento repassar mentalmente todas as minhas falas e canto baixinho as canções designadas à minha personagem. Está quase na hora, em pouco tempo as cortinas vão se abrir e o show irá começar. Rudi vai até cada um de nós para desejar uma boa apresentação. "Confio em você", ele diz olhando diretamente nos meus olhos e dá uma piscada. Não vou decepcioná-lo.

— Vamos começar — disse Rudi. — Em seus lugares — Ele passa pela fresta da cortina e posiciona-se em frente à orquestra. Levanta a batuta e começa o prelúdio.

As cortinas se abrem.

Greta e Bedřich entram no palco de mãos dadas e o coro começa a cantar:

"Este é o pequeno Pepíček, de mãos dadas com Aninka. Sua mãe está doente..."

"Meu nome é Pepíček" — canta Bedřich. — "Meu pai morreu há muito tempo..."

Aos poucos, a agitação e o medo são dominados e passamos a desfrutar de cada momento no palco, de cada olhar de assombro da plateia. O público está em total silêncio. Todos esperam desesperadamente que, no final, Brundibár seja derrotado e o bem prevaleça.

Pepíček mostra o boné cheio de moedas à Aninka. Eles conseguiram! Vão comprar leite e salvar sua mãe. Oh não, Brundibár aparece e rouba as moedas dos irmãos. "Quanta injustiça" — diz Pepíček. — "Mamãe quer apenas viver!" E o coro de crianças sai correndo atrás de Brundibár. A plateia vai ao delírio. Até os nazistas riem com a situação.

> Como podem rir? No dia seguinte mandarão as mesmas crianças para as câmaras de gás?

O padeiro, o leiteiro, o vendedor de sorvetes, o policial, ninguém quer ajudar as crianças, estão do lado do tocador de realejo, também são injustos. Serão esses os SS?

Chegamos à canção final. Cantamos com todo nosso coração e força: "Brundibár está derrotado, nós vencemos."

De repente, a plateia se levanta, aplaudindo e gritando entusiasticamente. Gritam 'bis, bis', pedindo mais uma canção. A sensação de ser aplaudida de pé é inexplicável, a melhor que eu já havia experimentado. Como não éramos obrigados a usar a estrela amarela durante as apresentações, eu me senti absolutamente livre naquele momento.

IX.

Certamente os nazistas não compreenderam o verdadeiro significado de Brundibár. Não, definitivamente eles não compreenderam. Havíamos simbolicamente derrotado Hitler e tudo o que ele representava, mas eram estúpidos demais para perceber isso.

O sucesso de Brundibár foi imenso. Nas ruas do campo, éramos parados por idosos e crianças que nos chamavam pelo nome de nossas personagens. Uma criança bem pequena, do alojamento de Erika, me pediu para cantar novamente o tema da minha personagem. Éramos jovens estrelas aqui em Terezín.

— Olhem, lá vai Pepíček — ouvíamos de uns.

— Aninka, Aninka, como está sua mãe agora? Ela está curada? — perguntavam outros.

Ficção e realidade se misturavam delicadamente e gostávamos disso. Mas Honza, que interpretava Brundibár, era o mais querido das crianças, apesar de fazer o papel de um homem mau. Honza era um fenômeno, um grande talento. Ele aprendeu a mexer o bigode falso e isso virou sua marca pessoal. As crianças cruzavam com ele no campo e mexiam os lábios, como se ajeitassem seus bigodes imaginários também. Talvez não possamos ser tão categóricos: estes são bons, estes são maus. Honza conseguiu conferir humanidade à sua personagem. Isso nos ajudou a controlar, de certo modo, o medo dos nazistas.

Todos queriam assistir a Brundibár, uma, duas, três, quatro vezes, porque, no momento em que cantávamos o coro final, o público acreditava na vitória contra os nazistas, no triunfo sobre Hitler. Nossa infância chegara ao fim e estávamos prontos para encarar os desafios do mundo adulto. O campo havia nos preparado para isso. Passamos a apresentar a peça semanalmente, sempre com o anfiteatro cheio. Algumas crianças do campo sabiam as músicas de cor. A realidade se transformava, Brundibár era como algo mágico para nós.

X.

Estávamos no sótão nos preparando para mais uma apresentação, seria a 15° vez que subiríamos no palco para contar a história de Aninka e Pepíček. Felizmente, parecia que os nazistas não se importavam com nossa ópera.

De repente, Tomáš, o irmão de Míša, que está na porta, começa a gritar desesperado: os nazistas, eles estão subindo as escadas. Agora estão no corredor. São quatro. Não, cinco.

— O que querem conosco desta vez? — pergunta-se Rudi, aflito.

— Vou falar com eles — disse Rafael, com convicção.

A porta se abre lentamente. Lá estavam eles, de uniforme preto, da cor da morte. Klaus, o oficial-chefe, seus dois assistentes, o mesmo oficial que anotava tudo na praça central quando outros nazistas vieram de Berlim e ele, o Sr. Morte. O Sr. Morte toma a frente e começa a falar:

— Bem, bem, bem, muito bem. Aqui estão vocês de novo, como ratos na toca, comendo o queijo roubado dentro de casa.

— Só estamos organizando uma nova apresentação de Brundibár, nada mais — disse Rafael, sem demonstrar nenhum medo.

— Cale-se — disse o Sr. Morte. — *Herr Kommandant*, estes são os responsáveis pela ópera — ele continuou.

Todos nós gelamos. É agora que vão nos colocar num transporte e mandar para o Leste. Será o fim? Eu não quero ir embora, não sei o que tem no Leste.

— De quem foi a ideia de montar uma ópera debaixo dos nossos narizes, sem a nossa aprovação? — perguntou o *Kommandant*.

— Minha — respondeu Rudi imediatamente. — Se tiver que punir alguém, que seja apenas eu. A ideia foi toda minha — ele finalizou.

— Quanta coragem, para um judeu — disse o *Kommandant*. — Eu deveria matá-lo aqui mesmo. Mas, como hoje é o seu dia de sorte, vou deixar que viva. Aliás, hoje é o dia de sorte de todos vocês.

Ficamos perplexos. O que ele queria dizer com "dia de sorte"? Por que os nazistas não haviam ficado zangados com a descoberta de Brundibár? Assistiram e até gostaram! Mas essa era uma atividade proibida, deveríamos ter sido punidos!

O que não sabíamos até aquele momento é que receberíamos visitantes, uma Comissão Internacional da Cruz Vermelha viria para verificar o que os nazistas estavam fazendo com os judeus dentro de campos de concentração. *Herr Kommandant* havia sido avisado pessoalmente por Adolf Eichmann que a Cruz Vermelha viria em breve. Ao descobrirem Brundibár, os nazistas tiveram uma ideia

Adolf Eichmann

Oficial do alto escalão nazista, responsável pelas deportações dos judeus que viviam nas zonas ocupadas pela Alemanha para os guetos e campos de extermínio e um dos principais organizadores do Holocausto. Eichmann fugiu após a guerra, mas foi capturado na Argentina, na década de 1960, julgado em Jerusalém e considerado culpado por crimes de guerra.

brilhante: vamos ordenar aos prisioneiros que apresentem a ópera à Comissão, assim pensarão que somos tão generosos que, além de comida e abrigo, promovemos atividades culturais em plena guerra. É perfeito! Vai funcionar.

— Mais do que isso — continuou *Herr Kommandant* —, podemos fazer um filme mostrando as "excelentes condições de vida" no campo. Vamos convencer o mundo todo de que somos inocentes! Já tenho até uma ideia para o título: "O *Führer* doa uma cidade aos judeus."

ei, não acreditem em tudo o que disserem

I.

Eu não podia acreditar no que estava ouvindo. Os nazistas apresentariam ao mundo uma grande mentira e nós colaboraríamos com isso?! Depois que *Herr Kommandant* expôs seu plano, Rudi questionou:

— E se não quisermos participar dessa farsa?

— Quem disse que vocês têm escolha? — ele respondeu com ares de cinismo.

— E se nos recusarmos? — insistiu Rudi.

— Serão enforcados em praça pública, na frente de seus familiares. É a ópera ou a vida — disse pausadamente o *Kommandant*.

Hans deu um sorriso enorme, de mostrar todos os dentes. Esse era o nome que atribuímos ao mais jovem dos oficiais da SS. Era tão jovem que poderia ser facilmente confundido conosco. Como não sabíamos seu verdadeiro nome e constantemente falávamos dele, atribuímos-lhe esse nome tipicamente alemão, Hans.

Acho que a situação era essa e não tínhamos como escapar.

Alguns dias depois, fomos procurados pelos membros do Conselho Judaico. Fizeram reuniões nos sótãos para nos explicar tudo o que aconteceria.

— Como vão acreditar que estamos numa colônia de férias? O campo tem cheiro de fome! Essa ideia é absurda — disse, indignado, um homem de aproximadamente 50 anos que participava da reunião conosco.

— E tudo aqui está velho, sujo ou estragado. Os nazistas passarão por loucos — disse o rabino. — Talvez seja um bom plano para nós, para que o mundo conheça nossa desgraça e alguém nos salve — completou.

— Calma, vamos ter calma — disse o Dr. Paul Epstein, líder do Conselho, tentando manter o controle. E a confusão se instaurou. Era todo mundo falando ao mesmo tempo. Alguns começaram a brigar.

Olhei para Petr e David, meus melhores amigos em Terezín, e disse:

— Acho que não vamos chegar a lugar nenhum.

— Você realmente tem os pés no chão, não é, Bedřich? — perguntou Petr. E rimos juntos. Eu não sei como os nazistas vão mudar a aparência do campo, mas eu não os subestimo, são capazes de tudo.

II.

Hoje faz um ano que estou em Terezín. Hoje, 27 de novembro de 1943, o dia em que recebemos a notícia de que o campo será embelezado para a visita da Cruz Vermelha. De acordo com as informações que recebemos, será dado início a uma enorme limpeza e reorganização do campo. Um plano delimitando os lugares por onde a Comissão irá passar foi traçado. Vimos o mapa. Tudo precisa estar perfeito. Teremos cerca de sete meses para fazer um milagre.

Moro no alojamento L417, onde vivem os meninos tchecos de 8 a 16 anos, *Heim* 1. Alguns estão no campo há mais tempo, chegaram muito antes de nós. No térreo há uma cozinha e um quarto onde os mortos ficam armazenados até serem levados para o crematório.

Temos um cuidador, chamado Valtr Eisinger, que nos ajuda a organizar a vida aqui no lar. Eisinger é brilhante. Ele nos ensinou a ser independentes, pacientes, caridosos e honestos, o que nos ajuda a conviver melhor uns com os outros e a enfrentar as adversidades de um mundo marcado pela guerra. Somos cerca de 40 meninos num quarto pequeno e imundo.

Eisinger nasceu em Brno. Antes da guerra, ele era um ávido leitor. Aqui no campo, narrava trechos dos livros que havia lido, de autores como Jean-Jacques Rousseau, Goethe, Victor Hugo, Balzac, além de escritores e poetas tchecos.

Eisinger era muito amigo de Franta, o cuidador do *Heim* 7. Aos 14 anos, Franta ingressou na equipe de futebol da cidade. Vocês precisam vê-lo jogando futebol. Ele é simplesmente "o melhor". Organizava as competições entre os lares e, vez ou outra, jogava conosco em um dos times. Era inacreditável seu talento com a bola. Futebol era nossa atividade favorita.

Franta nos contou que, no dia da invasão dos alemães, perto das 8 horas da manhã, ele viu três aviões Fokker-Wolf fazendo voos rasantes sobre os telhados das casas de Brno. Voavam tão baixo que era possível ver os pilotos pela janela.

Tanto Eisinger quanto Franta eram severos com as normas de limpeza porque muitas doenças estavam se espalhando rapidamente pelo campo. Atualmente, temos duas pessoas com tifo em nosso lar.

III.

Está chegando o Chanucá, a festa da esperança, que rememora a revolução dos Macabeus em 165 a.C. e a reabertura do templo profanado pelos gregos. Será que teremos paz no Chanucá? Estamos nos preparando para o feriado, arrumando as treliches e esfregando o chão. Aqui no campo, algumas atividades são clandestinas. Os feriados judaicos são algumas delas. Comemoramos sem que os nazistas saibam.

Começamos os preparativos para a Festa das Luzes. Nos alojamentos, crianças e adolescentes criam presentes simples feitos à mão. Há dias economizamos açúcar, manteiga e farinha para preparar doces típicos. Conseguimos uma toalha branca para colocar sobre a mesa e uma menorá nova, esculpida em madeira. Lavamo-nos e colocamos nossas melhores roupas. Estamos prontos e animados, apesar de não estarmos em casa com nossa família. Como eu queria que eles estivessem aqui, mas papai e Pavel estão no alojamento masculino, mamãe no feminino e meu irmãozinho Josífek vive no L318.

Vamos todos para o sótão. Lá é mais reservado, não poderão nos descobrir. Damos uma última olhada pela janela antes de subirmos as escadas.

Ele está lá, na praça central. Hans. Olhando diretamente para nós. Parece saber que estamos tramando algo. Imaginamos diversas coisas sobre Hans: de que parte da Alemanha terá vindo? Qual seu verdadeiro nome? Afinal de contas, aquele nome, "Hans", era inventado. Por que está ali, trabalhando para os nazistas?

Da mesma forma, lá da praça central, Hans observa aqueles meninos em seus alojamentos frios e apertados e imagina como é estar na iminência da morte.

O sótão está repleto de meninos como eu. Somos cerca de 360. Também vejo os cuidadores dos lares. A primeira vela da menorá foi acesa e agora podemos ver algumas sombras projetadas nas sujas paredes. O responsável pelo alojamento, Otto Zucker, aproxima-se da menorá e começa a rezar. Josef, do *Heim* 8, está de vigia na janela. De repente, ele avisa: um SS está vindo em direção ao alojamento, acho que vai entrar. Corri para a janela para ver a situação. Era Hans.

— Corram, corram todos para os quartos antes que ele chegue, em silêncio — disse Franta.

Otto apagou a vela e, com a ajuda de Franta, recolheu a toalha e apagou qualquer vestígio de que estivéssemos lá.

Corremos para o nosso quarto, fechamos a porta e nos deitamos em nossas treliches, fingindo dormir, mesmo com roupa de passeio. O silêncio era total. Procurei controlar minha respiração ofegante para que Hans não percebesse que eu havia corrido. De repente, a porta se abre. Não ousamos abrir os olhos. Fingimos, fingimos, fingimos. Ouço o som de suas botas militares sobre o piso de madeira — *rec — rec — rec*. Os passos são lentos e calculados. Ele se aproxima de mim, sinto seu cheiro, é colônia barata. Quase posso sentir sua respiração. E novamente o som de passos e da porta se fechando. Ufa... foi por pouco. Se somos pegos, nos enviam no próximo transporte com os adultos.

IV.

Éramos um grupo heterogêneo: meninos vindos de famílias grandes e pequenas, alguns de classe média, com futuro garantido. Outros, filhos de operários ou órfãos que haviam crescido em instituições públicas. Meninos com inclinações intelectuais e outros que só pensavam em esportes, vindos do campo ou da cidade, que conheciam parte da Europa ou que nunca haviam saído de sua cidade natal. Vivíamos momentos de alegria e descontração, quando, por exemplo, fazíamos guerra de travesseiros no quarto, e momentos de tristeza e dor, quando nos despedíamos de um de nossos companheiros. Aprendemos a compartilhar tudo, mesmo estando com fome.

Os transportes estavam em pauta o tempo todo. Oficialmente, os nazistas diziam que esses transportes levavam as pessoas para campos de trabalho no leste europeu. Mas, se queriam pessoas para trabalhar, por que constantemente enviavam idosos?

Depois do anúncio de que o campo receberia visitantes, passamos a notar que eram comumente selecionados para os transportes idosos e pessoas bastante doentes. Da janela do nosso quarto, podemos ver a fila que se forma sempre que as pessoas são convocadas para um novo transporte. Era comum vermos crianças, adolescentes ou adultos nesses transportes. Agora eles viraram exclusividade dos idosos e dos doentes. Realmente os nazistas querem dar ao campo uma aparência jovem e saudável, começando pela "limpeza" dos indesejáveis.

Atrás do nosso alojamento há um pátio. Lá formamos uma fila todos os dias — uma loooonga fila — para receber comida. Temos que apresentar nossos cupons de refeição e levar nossa gamela e colher para receber a sopa. Argh, a sopa daqui é horrível, a pior que eu já provei na vida. Ela é muito líquida e tem um sabor péssimo. Vez ou outra, quando a pessoa que está servindo pega uma porção do fundo, podemos ter a sorte de receber uma batata ou um nabo. Nossos cuidadores e professores nos mantêm ocupados para nos distrair da fome. Sentimos fome constantemente e as atividades nos ajudam a não pensar em comida o tempo todo.

V.

Os nazistas queriam criar uma vitrine para o mundo, uma prova que pudesse ser mostrada sempre que fossem questionados sobre a matança dos judeus.

"Não estamos matando os judeus, ao contrário, estamos dando-lhes condições de viver bem em meio à guerra. Confira isso visitando *Theresienstadt* e surpreenda-se", eles diziam.

Para abafar os burburinhos e enganar a Cruz Vermelha Internacional, que os "intimou" a mostrar o cotidiano dessas pessoas, Terezín foi escolhida como cidade-propaganda, um grande teatro a céu aberto, uma máscara para esconder a realidade.

Logo após o anúncio, o processo de embelezamento da cidade começou: rosas e bocas-de-leão sendo plantadas na praça central e cerca de 70 bancos recém-pintados sendo instalados para que os idosos possam descansar. Todos os edifícios ao longo da rota traçada para a visita estão sendo pintados, parecem novos. Prédios e outras instalações estão sendo construídos, incluindo um coreto amarelo na praça central, em frente ao L410, que resplandece contra o fundo em tom pastel das fachadas, um parquinho para as crianças, com carrossel, balanços e outros brinquedos, um campo para esportes, uma cafeteria, um centro comunitário e uma Biblioteca Médica Central, com uma grande sala de leitura. O alojamento para bebês está sendo ampliado e um novo berçário está em construção.

Agora, nossas apresentações musicais são autorizadas, incentivadas e financiadas pelos SS. Eles compraram instrumentos novos e ordenaram que concertos fossem feitos ao meio-dia e ao final da tarde, o que fez com que surgissem novos grupos musicais. Violoncelistas, pianistas, violinistas, trompetistas, percussionistas, instrumentistas famosos vindos de diferentes regiões da Europa se unem para trazer música aos nossos ouvidos e aliviar nossa angústia. Estilos musicais antes proibidos no *Reich*, como *jazz* e *swing*, transformaram-se no repertório oficial de Terezín.

Da janela do quarto, observamos quem entra e quem sai da cafeteria, mas nós, crianças e adolescentes, não temos permissão para frequentar.

Como os nazistas não estavam dando conta da reforma, muitos prisioneiros foram convocados para o trabalho. Da janela também podemos ver placas sendo colocadas em lojas de mentira, apenas fachadas: "Perfumaria", "Drogaria", "Produtos alimentícios", "Sapatos", "Roupas". As vitrines foram decoradas com produtos confiscados dos próprios prisioneiros. As crianças menores pregam os olhos nas vitrines observando a comida, mostrando umas às outras as compotas, os biscoitos e o presunto. Que maldade! Expor comida para crianças famintas!

Fui visitar Josífek e presenciei com meus próprios olhos a reforma do alojamento das crianças menores. Os velhos móveis foram substituídos por mesas, bancos e estantes novos e modernos. Os estrados podres foram refeitos com madeira novinha em folha. Nas camas, foram colocados lençóis brancos e cobertores cheirosos. Nas janelas, agora limpas, também havia cortinas com estampas de animais. Caixas coloridas foram disponibilizadas para que as crianças guardassem os brinquedos. Brinquedos, sim, os nazistas compraram brinquedos para as crianças. Em cada quarto havia uma estante com muita comida: pães, doces e chocolate em pó. Algumas crianças nunca haviam provado chocolate em pó. Era um milagre.

Com tantas mudanças, os nazistas pretendiam que Terezín fosse vista não mais como campo de concentração, lugar de dizimação e fome, mas como uma área de assentamento, uma cidade maravilhosa dada de presente aos judeus pelo bondoso *Führer*, um paraíso em meio ao caos. E nós estávamos contribuindo para isso. Era a farsa ou a vida.

VI.

Eu acordava à noite, em plena escuridão, e podia ouvir os soluços silenciosos dos outros meninos que, envergonhados de chorar na frente dos colegas, reservavam as noites para isso. Por mais que tivéssemos a companhia uns dos outros e a atenção incondicional de Eisinger, sentíamo-nos vulneráveis. Tínhamos saudades de casa e queríamos sair dessa prisão imunda.

Faltam dois dias para o meu aniversário. Papai disse que tem um presente para mim. O que será? Fico curioso.

Eisinger nos reúne logo pela manhã para passar alguns recados.

— Algumas crianças polonesas acabam de chegar a Terezín — ele informa. — Pensei em darmos as boas-vindas. O que acham?

Todos adoram a ideia. Precisamos nos ocupar para não enlouquecer. A experiência no campo também nos ajudou a olhar para o lado, a não pensar apenas em nós mesmos. Há outras pessoas sofrendo no mundo e precisamos ajudar, na medida do possível.

Buscamos o café da manhã e nos organizamos para ir ao L318. Vou aproveitar e ver Josífek. Fiz um desenho para ele. Será um presente. Também guardei um pedacinho de pão. Ele vai ficar feliz.

Chegamos ao L318 e a Sra. Brandeis está lá, com as crianças polonesas. Seu aspecto é terrível. Não consigo imaginar suas idades. São bem pequenas, mas têm rostos envelhecidos. A maioria não tem meias e poucas estão calçadas. Suas cabeças estão raspadas por conta dos piolhos. Chegaram com muitos piolhos. Elas possuem um olhar aterrorizado e resistiram desesperadamente quando lhes mostramos os banheiros. Será que pensam que é gás?

Estou inconformado, meu desejo é lutar contra os nazistas, vencê-los, exterminá-los, salvar aquelas crianças. Mas somos como ovelhas aqui, os nazistas nos conduzem de um lado para outro. Estamos fracos demais para lutar e não temos armas.

Voltamos em silêncio para o nosso *Heim*. O que vi ficou gravado em minha mente por dias. Naquela noite não houve cantoria e nem brincadeiras. Dormimos cedo. No dia seguinte iríamos trabalhar na reforma do campo, havíamos sido transferidos para o "Projeto de embelezamento", como os nazistas nomearam.

VII.

17 de junho de 1944. Faltam 6 dias para a visita da Cruz Vermelha.

Encontrei com papai na praça central. Marcamos de visitar mamãe. Andamos através de **Terezín** e quase não acreditamos no que os nossos olhos veem **agora**, **em** todo canto. A cidade está **plena**mente transformada. É possível ver **beleza** nesse lugar de destruição.

Petr **aparece** ao nosso lado e começa a caminhar co**nos**co. Ele vai passar na enfermaria para verificar uma irritação em **seus olhos**. Pode ser conjuntivite. Despedimo-nos na porta da enfermaria **e** continuamos até o alojamento feminino. Olhei **de** relance as fachadas das casas e alojamentos. Tudo modificado. Há bancos em **todas** as esquinas e **as ruas** estão limpas e organizadas.

Passamos em frente ao alojamento dos idosos, a Kavalírka. Um som **ressoa** lá de dentro. Eles estão conversando, amontoados.

Aí a verdadeira face de Terezín se revela. Mas, para os nazistas, isso é apenas um mero detalhe, a Comissão não irá passar por aquele prédio.

A Cruz Vermelha disse aos nazistas que as crianças devem ser regularmente instruídas, então uma escola foi adaptada no antigo escritório de engenharia. Ela foi pintada e recebeu carteiras escolares novas. Os últimos acertos estão sendo feitos. Ouvimos **o barulho de** martelos. Estão pregando uma placa: "Escola. Fechada para Férias." Depois, **passos humanos**, um corre-corre pela rua. A placa está em tcheco, precisa ser escrita em alemão!

— Rápido, tirem essa placa — grita o Dr. Epstein — antes que os SS vejam.

21 de junho de 1944, quarta-feira.

Então, estamos quase lá. Na sexta-feira, a Comissão chegará. **Assim** que acordei, desci para o lavatório e depois saí para dar uma olhada no campo. **Eu** quase não pude acreditar no que está acontecendo, ninguém pode acreditar. Mas **vejo** com meus próprios olhos. Realmente os nazistas não podem ser subestimados. **O gueto** tem aparência **de** uma cidade nova. A todo visitante, **Terezín** realmente aparenta ser um lugar belíssimo.

O Dr. Epstein ganhou um carro dos nazistas. **Esse** veículo se parece com os carros de alguns nazistas que, vez ou outra, visitam o campo. Ele não tem permissão de andar mais de um **quilômetro**. O carro é apenas para que a Comissão veja. Brincamos que o carro de Epstein, ao invés de rodas, poderia ter um **quadrado**, já que não sai do lugar. Rimos muito disso.

Num ponto **separado** do campo, Epstein dá instruções para algumas crianças: elas devem cantar assim que os homens da Comissão chegarem. Elas também devem abraçar *Herr Kommandant*, como se ele fosse o melhor pai **do mundo**.

VIII.

Hoje é o grande dia. Somos informados de que não precisamos trabalhar. Depois do café da manhã, ficamos a postos para desempenhar nossos papéis. Estamos todos na janela, para ver o espetáculo.

Eles chegam de carro. São três homens vestindo ternos escuros e chapéu preto. Um deles usa óculos. Trazem cadernos debaixo do braço e logo que descem do carro começam a fazer anotações e a conversar. Vêm acompanhados de alguns SS de Berlim. Os homens da SS os escoltam. O Dr. Epstein, de terno listrado e meia cartola, acompanha-os, na maioria das vezes calado. *Herr Kommandant*, que está totalmente mudado hoje, sorrindo e cumprimentando a todos, guia os visitantes aos locais embelezados.

Assim como previamente combinado, num determinado ponto da praça, algumas crianças correm de braços abertos e abraçam *Herr Kommandant*. Elas devem gritar: "Tio Rahm" — em referência a Karl Rahm, o nome de *Herr Kommandant* — "Sardinhas de novo? Já recebemos o suficiente!" Ele ri entusiasticamente e distribui doces e latas de sardinha para os pequenos. Depois da calorosa recepção, *Herr Kommandant* diz para os atores mirins uma frase em tcheco, que decorou durante a noite:

— Agora voltem para junto de suas mamães e preparem-se para o almoço. Será delicioso novamente.

Cínico!

Os visitantes ficam impressionados. Quem não ficaria? Apresentações musicais, palestras, boa comida, crianças jogando futebol, peças de teatro sendo apresentadas uma após a outra: Molière, Gógol, Tchekhov, Karel Čapek, entre outras.

No coreto, a música não parou sequer por um minuto: Bach, Beethoven, Verdi e muitos outros. Uma exposição foi organizada no primeiro andar do alojamento Magdeburgo. Os artistas que vivem no campo foram "convidados" a fazer pinturas e desenhos com imagens de Terezín. Organizamos uma visita à exposição. A Sra. Brandeis nos acompanhou e deu uma pequena aula sobre perspectiva, teoria das cores, composição e luz e sombra a partir dos trabalhos apresentados. Ela foi uma das artistas convidadas para a mostra, que teve curadoria de Leo Haas, e expôs duas pinturas, uma vista geral da praça central e o retrato de algumas meninas do L410.

Hoje o almoço será servido entre 10h e 12h. Temos língua, purê de batatas, cebolas e salada de pepino. Hans e outros SS usam roupas de civis e nos tratam cordialmente. Todos estão de olho na Comissão. Eles devem visitar o correio e depois a escola. Um grupo de crianças é colocado na sala 1 da escola do campo. Quando a Comissão entrar, devem fingir ler um ditado em tcheco. A Comissão deverá visitar apenas a sala 1. As demais estão vazias.

O *tour* termina no centro comunitário, onde nós, atores e orquestra, estamos a postos para apresentar Brundibár. O auditório está completamente vazio. Os visitantes e os SS que os escoltam se posicionam à nossa frente. *Herr Kommandant* ordena: "Comecem!". Apesar da farsa, damos o nosso melhor. Somos aplaudidos de pé pelos membros da Comissão, que fazem comentários uns com os outros, e pelos SS. Percebo que aqueles monstros haviam sido tocados pela música doce que saía com tanta vontade de dentro de nós. Talvez tivessem filhos em casa ou haviam se lembrado de quando eram crianças. Foi um teatro dentro de outro teatro. Acho que nunca mais verei isso na vida. Minha vontade era ir até um dos membros da Comissão e dizer "Ei, não acredite em tudo o que disserem", mas revelar a verdade sobre Terezín era um crime punido com a morte.

A maioria de nós tinha esperanças de que algo pudesse acontecer. Mas os representantes da Cruz Vermelha foram totalmente enganados e acreditaram na farsa nazista. Um deles, o Dr. Maurice Rossel, chefe departamental do Ministério Exterior da Dinamarca, elogiou o Dr. Epstein e *Herr Kommandant*, e ainda afirmou que estava diante de uma cidade com habitantes privilegiados. Ao voltar para casa, Rossel, que liderava a Comissão, fez um entusiástico relatório, no qual escreveu que Terezín era um "gueto modelo".

Depois que a Comissão partiu, os SS arrancaram as latas de sardinha das mãos das crianças. Ao irem embora os visitantes, retornou nossa situação de penúria, fome e imundície. Nosso querido amigo Hans Krása, alguns membros do elenco de Brundibár e diversos músicos que se apresentaram para a Comissão foram enviados para o Leste logo após a visita. Hans Krása foi assassinado em 17 de outubro de 1944.

IX.

Estamos em agosto de 1944. O termômetro marca 40 graus à sombra. Passamos por uma forte onda de calor e uma terrível infestação de percevejos. Enquanto a desinfestação não ocorre, nós os caçamos todas as noites usando um isqueiro para iluminar as camas. É impossível dormir com companhia tão irritante.

Com o sucesso da visita, os nazistas decidiram fazer um filme de propaganda sobre Terezín, para poder mostrar ao mundo todo quão benevolentes eles eram com os judeus. Para tanto, escolheram a dedo homens, mulheres e crianças que ainda não estampavam no rosto as agruras da vida no campo e ordenaram aos doentes e extremamente desnutridos que ficassem fora da vista das câmeras. O filme foi realizado nesse mesmo mês, sob supervisão dos SS.

Nós nos recusamos a participar desse esquema macabro. A Sra. Brandeis e várias das meninas do L410 também, mas algumas delas foram obrigadas. Era o filme ou a vida. As cenas incluíam meninas sorridentes se exercitando ao ar livre, idosos jogando xadrez ou conversando no jardim, crianças pequenas com generosas fatias de pão com manteiga ou maçãs bem vermelhas nas mãos. As crianças eram instruídas a não comer, apenas mostrar à câmera, mas, famintas, devoraram o pão em segundos. A mesma cena precisou ser filmada três vezes.

Os nazistas também incluíram no filme cenas de uma apresentação de Brundibár. Não tivemos escolha, apresentamo-nos para as câmeras do inimigo e corroboramos seu plano. Eles também filmaram o anfiteatro lotado de crianças atentas à ópera que tanto as fascinava.

Lembro-me dessa apresentação. Estávamos muito agitados. Não era fácil interpretar na frente dos alemães, de suas esposas, filhos e de Kurt Gerron, o diretor do filme, que era um homem extremamente enérgico. A tensão pairava no ar, mesmo eu sabendo as falas de trás para frente, afinal de contas, era nossa quinquagésima apresentação. Começamos meio desengonçados, duvidosos. Sabíamos que um erro poderia custar nossas vidas. Mas, com o tempo, a música e a dança passaram a fluir e nos esquecemos dos nazistas. Para nós, ficava a mensagem final: "Nós, prisioneiros desumanizados e famintos, somos capazes de fazer arte em qualquer situação."

Eu vi longas filas de idosos e pessoas inválidas que foram obrigadas a assistir às partidas de futebol. As cerca de 2.000 pessoas que assistiam ao jogo deveriam gritar "goooool" no momento em que um dos SS desse o comando. Havia muitas câmeras e pessoas tirando fotos. As meninas do L410 estavam com trajes de banho nadando e pulando alegremente no Rio Ohře, como se estivéssemos em um balneário. Os SS passaram tinta marrom em sua pele para que parecessem bronzeadas e tivessem um ar mais saudável.

As câmeras estavam atentas a tudo: reuniões descontraídas do Conselho Judaico, filas de pessoas na porta da agência do correio para receber pacotes vindos de toda parte da Europa, bombeiros que apagavam incêndios fictícios e, é claro, a cereja do bolo, as novas e impecáveis instalações da Biblioteca Central, com diversificados livros judaicos.

Depois da conclusão do filme, soubemos que o diretor Kurt Gerron e grande parte do elenco foram enviados para Auschwitz-Birkenau.

enquanto houver vida, nós lutaremos

I.

Os guardas do gueto gritam e correm sob nossas janelas, fechando as ruas. Outro grupo está a caminho. No meio da praça passam apressados uma maca, uma carroça carregando bagagens e um *Leichenwagen*, um carro fúnebre. A rua, tomada pela claridade, está imersa numa poeira grossa e suja. Malas, macas e corpos, pessoas chegando e partindo. É assim durante toda semana. Tudo é transportado nas carroças: a roupa suja dos hospitais, o pão e os mortos.

O tifo está assolando Terezín. O hospital e as enfermarias estão lotados. Esvaziaram um prédio inteiro e transformaram-no numa ala para tratamento da doença. Por toda parte, leem-se placas: "*Achtung* Tifo". Todas as torneiras têm avisos: "Não se esqueçam de lavar as mãos", mas quase nunca há água corrente.

***

O céu azul e límpido de fevereiro de 1943 deu lugar a um tempo nublado e cinzento de março. Chuva e neve começaram a se alternar. Em junho completarei 15 anos e tenho esperanças de passar meu aniversário em casa. Ontem perguntei a papai se posso organizar uma festa para os amigos que fiz aqui no campo. Ele concordou. Se tudo der certo, comemoraremos juntos meus 15 anos.

Em meados de abril, comecei a sentir falta de apetite e dores estomacais. Fui para a enfermaria e diagnosticaram como icterícia. O tifo não me pegou, mas a icterícia sim. Terei que ficar internado por algum tempo. Sem os amigos do *Heim*, o trabalho na horta e os "programas", o tempo irá passar muito devagar. Preciso me concentrar para suportar o tédio, talvez escrever histórias ou conseguir livros clandestinamente. Tenho uma ideia. Vou finalizar o desenho que comecei a fazer em uma das aulas da Sra. Brandeis, a professora de desenho e pintura. Ela nos visitou por três vezes no sótão do L417. Foi bem arriscado porque a Sra. Brandeis não tem permissão para ir ao alojamento masculino.

Na primeira aula, ela nos convidou a desenhar algo em movimento. Mostrou algumas pinturas barrocas e chamou atenção para a ideia de movimento expressa nessas imagens. Fascinante. A Sra. Brandeis fez uma breve palestra sobre Rembrandt e outros artistas barrocos, com *slides* iluminados por lanternas. Foi muito interessante. Ela nos mostrou também autorretratos do artista mais jovem, mais velho e com meia idade. Como vou ser daqui uns 30 anos? Terei barba ou um aspecto mais robusto como Rembrandt? Será que terei a oportunidade de envelhecer?

Tive a ideia de desenhar Petr subindo em sua treliche. Acho que o desenho não ficou muito bom, mas ele definitivamente tem movimento.

Na segunda aula, algumas semanas depois, a Sra. Brandeis nos ensinou a fazer moldes vazados para pintura. O meu ficou incrível. Coloquei-o sobre uma folha de papel velha e apliquei tinta vermelha, tirei o molde e lá estava a figura impressa! Depois colocamos nossos trabalhos para secar sobre a mesa e discutimos os diferentes moldes criados e outras possibilidades de impressão.

Mas minha aula favorita foi a terceira. A Sra. Brandeis disse que seria uma aula de "livre expressão". Ela não iria enunciar nenhum tema ou explicar uma nova técnica. Poderíamos desenhar livremente aquilo que ocupava nossa mente. Olhei para a janela e vi a praça central com uma multidão de pessoas. O campo está superlotado, os prisioneiros vivem espremidos em seus quartos e falta comida, principalmente para os idosos, que morrem de fome pelos cantos. Eu queria colocar isso no papel, não sabia bem como, mas queria dar forma à minha tristeza por ver pessoas morrendo todos os dias e crianças sendo transportadas aos montes para o Leste. Sim, eu acreditava em câmaras de gás e fornos crematórios, mas tinha certeza de que venceríamos os nazistas, suportaríamos firmemente suas loucas imposições e, em breve, a guerra iria acabar.

Papai não podia me visitar aqui na enfermaria, estou numa ala de isolamento, então preparei um bilhete pedindo que pegasse o desenho que estava com Petr no *Heim* e um lápis e desse um jeito de entregá-los a mim. Três dias depois o desenho chegou, bem como o lápis, e pude finalizá-lo. Acho que consegui expressar o que vejo, o que sei e como me sinto aqui em Terezín.

II.

— *É isto um homem?* — perguntei a Petr enquanto observava um dos idosos do campo na praça central.

Está frio. As ruas de Terezín estão cobertas de neve. Pela janela, observo as pessoas andando pela calçada bem devagar, para não escorregar. Meus olhos são sugados para um ponto específico da praça. Não consigo desviar. Olho, olho, olho atentamente. Ali está alguém de mais ou menos 80 anos, com cabelos e barba brancos que caminha rapidamente carregando um monte de coisas nos braços, revira as latas de lixo em busca de restos de comida. Sua aparência é deplorável.

— Queria poder preparar-lhe uma sopa de lentilhas, acompanhada de pão macio, algo que aqueça também a alma — disse Petr bastante reflexivo. Ele sabe que muitos idosos do campo estão com pneumonia.

— Eu também — respondi, pensando em como seria bom um prato de comida no meio da tarde, já que o almoço, como sempre, havia sido insuficiente.

Meu querido amigo Petr Ginz tem um grande coração. Petr chegou a Terezín um pouco antes de mim. Ele me recebeu de braços abertos, bem como os demais meninos que vieram posteriormente para o *Heim* 1. Ele também nasceu em Praga e é um pouco mais velho do que eu.

Todos dizem que Petr é inteligente. Eu o acho brilhante! Ele tem muitas habilidades, o que leva muitos garotos do L417 a sentirem inveja dele, mas eu não, eu o admiro, quero ser como ele.

A revista foi ideia nossa, bem, mais de Petr do que de qualquer outra pessoa do *Heim*. Eisinger nos encorajou a fundar uma revista e Petr se autointitulou o editor-chefe. E é claro que ninguém o confrontou, afinal de contas, ele era a pessoa certa para o cargo. Revista? Sim, uma revista! Produzimos e publicamos uma revista em nosso *Heim*, um novo número a cada semana.

Como tudo começou? Pois bem, queríamos compartilhar com os outros lares e alojamentos nossa visão sobre toda aquela situação, notícias do campo, reflexões e algumas curiosidades.

Fizemos um primeiro número da revista e foi um sucesso! Todos queriam mais. Decidimos dar um nome ao projeto e *Vedem*, que em tcheco significa "Nós lideramos", pareceu-nos ótimo.

Como editor da revista, Petr coordena as colunas, solicita textos aos demais garotos, muitas vezes oferecendo parte de sua ração diária em troca, transcreve todo material à mão e usa seu talento como desenhista e aquarelista para fazer as ilustrações.

É empolgante fazer parte desse projeto. É claro que os nazistas não podem descobrir, por isso mesmo é empolgante, principalmente quando a revista é lida secretamente no nosso alojamento. Definitivamente, *Vedem* nos dá um motivo para continuar.

Eu sou responsável pela revisão dos textos. Passo as folhas para Petr com algumas anotações. Ele faz uma segunda revisão, já que é muito melhor de gramática do que eu. O professor Karel Poláček foi convidado por Petr a escrever uma história dividida em episódios. Cada semana ele nos entrega de uma a duas páginas. A continuação vem sempre na semana seguinte e ficamos todos ansiosos para ler. Poláček transportou personagens da pequena burguesia tcheca para a realidade do gueto e deu-lhes novos ares.

Nossa seção de maior destaque é "Divagações sobre Terezín". Os leitores adoram. Na última edição, Beno Kaufmann e Zdeněk Taussig escreveram um texto intitulado "Algumas coisas sobre o crematório e sobre cremação" e foi um total sucesso. Eles até fizeram um desenho do crematório. Esse é um assunto muito discutido entre os garotos, que tentam entender o funcionamento dessa estrutura, mas não querem chegar perto dela, é claro.

O que faz muito sucesso também são os poemas escritos por alguns de nossos companheiros. O professor Viteslav Hanuš organiza encontros de poesia e rodas de leitura de grandes poetas tchecos.

Ele nos incentiva a expressar nossos sentimentos e ideias por meio da poesia e alguns de meus companheiros do *Heim* são realmente muito talentosos, como Hanuš Hachenburg. Ninguém escreve sobre a vida no campo com tanto sentimento e intensidade quanto Hanuš. Ele e Petr são grandes amigos.

Somos atrevidos e corajosos, eu sei. Os nazistas nem imaginam que temos uma revista e que as notícias estão circulando entre os alojamentos. Podem tirar tudo de nós, menos nossa liberdade de pensamento. Essa batalha nós vencemos!

III.

Nossa ideia foi tão promissora que outras revistas começaram a surgir. Os meninos do alojamento Q609 passaram a produzir a *Kamarád* (Amigo) e os garotos do *Heim* 7 agora editam a revista *Rim, Rim, Rim* (um sinal da reunião do grupo). Competimos para ver quem produz a melhor revista de Terezín. Certamente *Vedem* é a mais popular. Chegou a mais de 50 números.

Somos famosos, todos nos conhecem como "os meninos da *Vedem*", inclusive em outros alojamentos. Aqui no L417 temos alguns meninos cujas irmãs vivem no L410. Elas são constantemente informadas sobre os nossos feitos literários e jornalísticos. Inclusive alguns poemas publicados na *Vedem* são copiados à mão e repassados para elas.

Os meninos do *Heim* falam constantemente das garotas do L410, principalmente quando passamos tempo juntos nos ensaios de Brundibár ou nas aulas de ginástica, que ocorrem em uma pequena área verde perto dos muros do gueto. Não nos importávamos tanto com elas, mas ultimamente temos reparado mais e mais. Elas chamam nossa atenção de um jeito novo. Sentimos emoções que nunca havíamos sentido antes e eu gosto disso, do modo como nossos olhos brilham e nosso coração bate forte quando estamos com elas.

Todos sabem que David tem uma queda por Anna, do *Heim* 28, por exemplo. Ele mesmo não nega. Eu não gosto de ninguém, mas tem uma menina que me incomoda. Ela não sorri de volta quando sorrio para ela, ignora minhas perguntas e me interrompe toda vez que começo a falar. Será que me odeia? Gosto quando sorri. Ela tem um sorriso lindo. É inteligente e muito decidida. Todos prestam atenção ao que ela fala. É gentil com todos, menos comigo.

Seu nome é Helena.

Sinto saudades de casa, mas ao mesmo tempo tenho o desejo de conhecer um outro país, com pessoas diferentes daquelas que nos perseguiram em Praga. Não consigo imaginar o retorno para minha cidade natal. Acho que tudo será diferente daqui em diante. Também gostaria de ir para Viena. A Sra. Brandeis sempre diz que Viena é uma cidade muito acolhedora, com boa música e lugares incríveis para se conhecer. Quando a guerra terminar, Petr, David e eu iremos desbravar o mundo, sentir a liberdade nos ossos. Ninguém irá nos impedir.

IV.

As primeiras crianças e adolescentes chegaram ao campo nos primeiros transportes de 1941, vindas de Brno e de Praga. Gonda Redlich e Fredy Hirsch, líderes de movimentos juvenis com atuação reconhecida antes e durante a guerra, prisioneiros em Terezín, imediatamente se ofereceram para cuidar deles.

Fredy Hirsch era como um farol na noite escura para todos nós, meninos e meninas de Terezín. Ele nasceu em Aachen, Alemanha, em 1916, e desde muito jovem fez parte do Grupo de Escoteiros Judeus da Alemanha. Nesse grupo, Fredy aprendeu valores como tolerância, solidariedade e democracia e os compartilhou conosco no campo. Ao imigrar para Praga, Fredy se tornou um dos principais organizadores das atividades juvenis na região. Em Terezín, Fredy era respeitado por todos e reconhecido por seu empenho e cuidado conosco, as crianças e os adolescentes. Fredy também era um **sionista** convicto e frequentemente compartilhava seus ideais com todos à sua volta. Por ser um atleta de grande talento, Fredy foi designado pelo Conselho Judaico a organizar as atividades esportivas nos alojamentos infantis. Nós adoramos todas as atividades feitas por ele, principalmente os campeonatos de futebol entre os lares e entre os alojamentos. Sou titular do nosso time e temos um grito de guerra: "*Heim* 1, *heim* 1, *heim* 1, avante sem parar!"

SIONISMO
Movimento político que defende o direito dos judeus de ter sua pátria na Terra de Israel.

Mas uma coisa temos a dizer sobre Fredy: ele é extremamente firme quando o assunto é disciplina, higiene pessoal e exercícios físicos. Recebemos instruções diárias de como lavar as mãos, limpar os quartos ou escovar os dentes. Os educadores, principalmente Fredy, insistem sempre na ideia de que a higiene pessoal é essencial para que as inúmeras doenças do campo não se proliferem. Fredy fez até um estudo sobre isso e chegou à conclusão de que quanto mais os meninos e as meninas cuidam da higiene pessoal, menor o número de pessoas contaminadas nos alojamentos.

Sempre achei que Fredy ficaria conosco até o fim da guerra, até a libertação do campo. Todos nós achávamos. Mas no início de setembro ficamos sabendo que Fredy seria deportado para o Leste.

— Como? Fredy não pode partir! — disse Pavel. — Precisamos dele.

— Não temos escolha, são ordens superiores — respondeu Eisinger.

O que todos ainda não sabiam é que Fredy havia sido escolhido a dedo para fazer parte de uma farsa nazista. Ele, juntamente com 5.000 prisioneiros de Terezín, seriam enviados para Auschwitz-Birkenau com o intuito de organizar um bloco especial, chamado pelos nazistas de Bloco 31 ou Bloco das Crianças, que seria visitado por uma Comissão Internacional da Cruz Vermelha.

Fredy ficaria responsável por inventar histórias, jogos e canções para entreter as crianças, designar educadores, mantê-las limpas e disciplinadas e, o mais importante, criar uma ilha de normalidade e esperança dentro do campo de concentração mais temido de todos os tempos, para que a Comissão pudesse ser enganada pelos nazistas.

O que os nazistas ainda não sabiam é que a Comissão mudaria seus planos e viria a Terezín no ano seguinte. Com essa mudança, o Bloco das Crianças seria desfeito e ninguém nunca mais ouviria falar dessas pessoas, nem de Fredy Hirsch.

V.

É outono e o frio já chegou. Invejo quem sente calor. O frio é tão grande que preciso rastejar para fora da cama pela manhã. Não penso em mais nada além do frio e da fome que sinto.

Somos uma comunidade. Nós, do *Heim* 1, autodenominamo-nos a *República Skid*. Os meninos dos outros lares também têm suas comunidades. No *Heim* 7 temos os *Nešarim* e no *Heim* 5 o grupo *Dror*. Os quartos do L417 se transformaram em lares e cada lar (*Heim*, em alemão) tem suas regras. Em nosso alojamento temos 10 quartos, ou lares, ou *Heim*. Em nosso lar há flores sobre uma pequena mesa, recortes de livros com paisagens nas paredes, um quadro negro improvisado em um dos cantos e duas janelas por onde estabelecemos contato com o campo. Havíamos conseguido até um giz e utilizávamos o quadro negro para organizar nossas rotinas, a limpeza do *Heim* e para nossos estudos clandestinos.

É sexta à noite, dia da leitura da revista *Vedem* no sótão do L417 para saudar o *Sabbath*. Como irão receber nossos escritos? Nessa nova edição, temos um poema de Hanuš que será lido em alta voz. Estamos ansiosos para ver a reação do público. Hanuš está bem nervoso, mas não tem motivos, ele é extremamente talentoso, sabe utilizar as palavras para expressar aquilo que não apenas ele, mas todos nós sentimos aqui no campo. Sua voz fala pela coletividade de prisioneiros. A angústia de suas palavras é universal, abrange tanto prisioneiros quanto homens livres que também sofrem as dores do mundo.

Eu fiz uma pequena contribuição nessa edição, na seção "Divagações sobre Terezín". Escrevi sobre o legado de Fredy Hirsch em Terezín, sobre o impacto de sua ausência para nós, crianças e adolescentes que nos acostumamos à força de seus conselhos inspiradores e de sua presença singular. Não estou tenso com a leitura do meu texto. Sei que todos irão concordar comigo.

— Bedřich — disse Hanuš baixinho, para que os outros meninos não o ouvissem —, posso declamar o poema para você antes de apresentá-lo ao público? Assim você me diz como estou.

— Claro — respondi —, será um prazer ouvi-lo.

— Ótimo! — ele respondeu. — Podemos ir até a praça central?

Sentamo-nos no chão, num canto da praça, e Hanuš timidamente começou a ler seu poema...

Um pouco de sujeira nas sujas paredes
e ao redor um pouco de arame
E 30.000 que dormem
que um dia despertam
e um dia passam a ver
seu próprio sangue derramado
...

VI.

Já não sou mais criança. Tenho plena noção disso. As brincadeiras infantis deram lugar a reflexões e conversas sobre a vida, principalmente sobre nossa condição diante da guerra. Estou aqui há pouco mais de um ano e parece que uma década se passou. Aprendi a ser resiliente e a me adaptar às situações adversas que nos surpreendem todos os dias.

Sinto ainda muita falta dos meus pais e irmãos, mesmo podendo visitá-los à noite ou aos finais de semana. Tenho saudades da convivência diária, de esperar papai chegar do consultório, dar-lhe um abraço, trazer o jornal, os chinelos, ouvir como foi seu dia enquanto mamãe termina o jantar. Ele me pergunta como foi a escola e eu lhe conto as minhas aventuras no recreio e detalhes das aulas de Biologia, minhas favoritas. Adoro quando papai descreve os bebês que ele ajudou a trazer ao mundo. Gosto muito de crianças pequenas.

A companhia dos amigos do *Heim* é fundamental para suportar a solidão e o medo. Mas, ultimamente, tenho sentido falta de outro tipo de companhia, alguém com quem possa compartilhar outros sentimentos. Acho que gostaria de me apaixonar, assim como vários dos meninos aqui do alojamento, passar tempo com uma das meninas, segurar em sua mão, quem sabe dar-lhe um beijo. Quando penso nessas coisas, apenas uma pessoa me vem à mente: a menina brava de sorriso lindo do quarto 28.

Estamos em fevereiro de 1944 e as atividades culturais se intensificam a cada dia no gueto, na mesma proporção em que diminuem as rações diárias e aumentam os transportes para o Leste.

Às 20 horas tivemos uma noite de Poesia Chinesa. O palestrante foi Zdeněk Jelínek, um professor aposentado que vive no mesmo alojamento de papai. A ideia mais importante de sua palestra foi a de que as pessoas são as mesmas em qualquer lugar. Poesia chinesa é poesia sobre o povo. Na sequência, ouvimos o professor Poláček recitar poemas de Villon. Eles tiveram um efeito poderoso em mim.

Voltamos para o *Heim* ainda tomados pelos poemas chineses e de Villon e Eisinger já nos esperava com más notícias: havia saído mais uma lista de deportados. Aqui, em Terezín, as emoções são como uma montanha-russa. Há momentos de grande ansiedade e medo e outros em que o mundo parece estar em seu devido lugar. As listas dos deportados estão sendo entregues — quem estará nelas?

Jiří Bruml, de 14 anos. Jiří passou quase dois anos em Terezín. Agora está sendo deportado juntamente com sua mãe. Jiří é um dos nossos companheiros aqui no *Heim*. Estamos arrasados. Ele parte amanhã cedo. Está em silêncio arrumando sua mala. Nós o observamos também em silêncio. Não há nada que possa ser dito. Um "boa sorte" não faz sentido. Um "até breve" também não. Gostaria de falar para ele um "nos vemos depois da guerra", mas acho que não cabe. Nem sei se voltarei a vê-lo novamente algum dia. Não sabemos nada sobre o destino. Ele escolhe alguns poucos do nosso grupo. É cruel. Quantos mais de nossos camaradas irão partir enquanto nós permanecemos imóveis diante deles, sem poder ajudar?

VII.

A vida continua, apesar de tudo. Agora, além dos transportes e das doenças com as quais já estamos familiarizados, passamos por um surto de encefalite. Os primeiros casos começaram no L410 e agora enfrentamos a doença aqui. As medidas de higiene redobram.

Como eu disse, aqui em Terezín aprendemos constantemente que, apesar de tudo, a vida continua. Somos convidados para diversas atividades culturais, apesar de os infectados estarem nos hospitais em isolamento e de os idosos morrerem de fome e frio. Dois dos meninos do nosso *Heim* estão internados. Não podemos ter contato com eles. Apresentaram febre alta, cansaço e foram diagnosticados com encefalite.

A diminuição dos cupons de comida é um tema frequente para o teatro e a literatura. Como falamos de comida o tempo todo, a fome também é um tema constante em nossa produção (revistas, textos, poemas) e na produção dos adultos, que passam pela mesma situação, ou até pior.

Alguns meninos escrevem poemas constantemente no *Heim*. Ajudamo-nos mutuamente e opinamos sobre os versos, as rimas, as estrofes. Muitos de nós encontram consolo nos versos que sabem de cor. Não que a linguagem em rima e verso possa satisfazer nossa fome ou acabar com nosso medo, mas conseguem acalmar nossa mente e coração. Será que um dia as pessoas fora do campo saberão que, entre arames farpados e paredes imundas, um grupo de valentes garotos produziu uma série de poemas que expressam com toda a força de sua alma a realidade de um mundo em guerra?

> Mal sabiam que seus poemas, escritos em papéis sujos e reaproveitados e de forma clandestina, iriam ficar conhecidos por todo o mundo. Chegariam até mesmo ao Brasil, país tropical localizado na América do Sul, repleto de belas paisagens e escritores incríveis.

Não tenho talento para a poesia, não sei organizar as palavras no papel ou construir rimas, mas a poesia para mim é um deleite. Enquanto muitos do lar escrevem — Hanuš, Petr, Pavel, František —, observo a movimentação do campo pela janela, espio os SS. Eles não podem nos descobrir.

Como sempre, ele continua lá, na praça, olhando-nos. Parece que sabe o que estamos tramando. O SS jovem.

— Petr — eu disse —, ele continua lá, nos vigiando.

— Quem? — perguntou Petr.

— Hans — eu respondi.

— Você nem sabe o nome dele, Bedřich — riu Petr.

— Aposto que é "Hans, o impiedoso" — E todos riram.

— Fique de olho nele e nos deixe organizar o caos por meio das palavras, meu caro Bedřich — disse Petr muito amigavelmente.

— Aposto que vai nos entregar para *Herr Kommandant* — pensei em voz alta.

— Chega disso! Vamos trabalhar — falou František um tanto quanto impaciente.

— Quem ele pensa que somos? — continuei indignado por Hans não tirar os olhos de nossa janela.

— Não importa quem somos, Bedřich, mas quem estamos nos tornando. Os muros não são capazes de derrotar nosso espírito — falou Petr. — Podem nos matar, mas não destruirão nossos poemas!

VIII.

Quando a porta de nosso *Heim* se fecha, depois que todos retornam do trabalho, e os últimos raios de sol se escondem, e os 40 meninos que vivem espremidos no lar sentam-se em suas treliches, Eisinger começa a nos dizer coisas que agarramos com toda força de nossa alma.

— Nada — ele diz —, nem muros, nem insultos, nem decretos de Nuremberg podem separá-los de sua humanidade. Vocês nasceram para ser homens livres, não bichos. Nasceram para o valor e a experiência.

Precisamos disso para não desistir. Precisamos todos os dias encontrar dentro de nós a força necessária para continuar.

Meu aniversário de 16 anos está chegando e ainda estou no campo. Não posso reclamar, estamos todos vivos e juntos, eu, mamãe, papai e meus irmãos. Nenhum de nós foi deportado e há rumores de que os Aliados estão avançando. Todos nós esperamos confiantes que a Alemanha se renda.

Fizemos um remanejamento das treliches e agora tenho outro companheiro. Seu nome é Miroslav Košek. Apesar de bem mais jovem do que eu, Miroslav é um grande poeta, tendo contribuído diversas vezes para a revista e se destacado nas aulas do Sr. Viteslav Hanuš, nosso professor de poesia.

Miroslav Košek foi uma das milhares de crianças deportadas para Terezín durante a Segunda Guerra Mundial. Ele nasceu em março de 1932, em Hořelice, na Boêmia, e foi deportado de Kladno para Terezín em fevereiro de 1942, com apenas 9 anos de idade. Junto com outros dois meninos do *Heim*, Miroslav fundou o grupo Koléba, direcionado à criação poética.

Graças ao professor Viteslav, participamos de vários programas relacionados à poesia e Miroslav é um dos mais animados e empolgados do grupo. Ele e outros meninos organizam e participam de concursos de poesia, noites dedicadas à recitação de poemas escritos por nós mesmos e por prisioneiros de outros alojamentos, encontros poéticos-literários e palestras em que podemos nos familiarizar com diferentes autores e formas literárias.

Miroslav e os outros meninos do grupo Koléba são muito criativos. Ontem mesmo vi nascer um poema diante de meus olhos. Foi incrível! Estávamos no quarto, sentados em nossas treliches, preparando-nos para dormir. De repente, vejo um ratinho num canto do quarto, saindo de seu esconderijo. Chamo atenção de Miroslav e de outros meninos que estão próximos. Todos começam a observar aquele pequeno animal. O que será que faz ali? Procura alguma coisa? Comida talvez? Pobre ratinho, ainda não percebeu que está num quarto com meninos famintos, que devoram até as migalhas? Não há nada para você aqui. Apesar disso, ele entra e sai de seu esconderijo à procura de comida.

Após algum tempo, percebe que sua busca é vã. Aqui definitivamente não há comida. Ele parece parar de procurar no quarto e passa a buscar algo em seus próprios pelos. Seriam pulgas? Essa cena nos encanta e, em poucos minutos, Miroslav, Jindřich e Bachner escrevem um singelo poema, inspirados na cena que acabamos de presenciar.

Apesar de o rato ser uma praga, não temos coragem de matá-lo. Como o observamos atentamente, podemos perceber algumas características que nos encantam: ele é inteligente, habilidoso com as patas e muito simpático. Talvez não seja um bichinho tão ruim assim, só é preciso darmos uma chance a ele, conhecê-lo mais de perto. Talvez se os nazistas também nos dessem uma chance, não nos mandariam para as câmaras de gás.

O RATINHO

I.
Um ratinho sentado em sua cama,
caçando uma pulga em seus pelos.
Caçá-la não pode,
escondeu-se dentro da pele.
Dá voltas ao redor sem parar.
Esta pulga é uma pestinha!

II.
Chegou seu pai,
Examinou seus pelos.
Caçou a pulga num instante,
E assou-a na caçarola.
O ratinho chama o avô:
Temos pulga para o almoço.

IX.

Um dos colegas de quarto trouxe um pequeno espelho na bagagem. Ele não teve coragem de mostrá-lo antes, sabia que nosso aspecto era tão ruim que nos assustaríamos com nossa própria imagem. Pedi para me olhar no espelho. Depois de tanto tempo, não me recordava mais do meu rosto. O que vi foi terrível, um fantasma com os ossos do rosto à mostra. Era como encarar um estranho.

Pareço alguém que está há séculos com fome. A guerra é a fome, para quem perde e para quem vence. Mas o ódio e a humilhação a que somos expostos ferem mais que a fome. Entretanto, os educadores se esforçam para que as crianças e os adolescentes do campo tenham uma vida normal, na medida do possível.

Formamos um grupo solidário, que se apoia mutuamente. Conversamos com nossos professores, jogamos xadrez, cartas e futebol de botão, discutimos sobre campeonatos de pingue-pongue ocorridos antes da guerra, frequentamos uma escola clandestina e estamos envolvidos em inúmeras atividades culturais, desde a escrita de poesia até o ensaio de uma ópera. Tudo isso nos mantem vivos.

— Vamos trabalhar com as meninas do L410 — anunciou David.

— Como assim? — perguntei com um frio na barriga.

— Sim, vamos trabalhar em conjunto com as meninas, a Sra. Brandeis nos convidou para ajudarmos na montagem de uma exposição dos desenhos realizados por nós aqui no campo. A exposição será no porão do nosso alojamento, por isso podemos participar também — explicou em detalhes David, com um sorriso imenso, pois seria uma oportunidade de estar mais perto de Anna.

— Começamos amanhã — complementa David.

***

São 19 horas e já estamos prontos para a tarefa designada pela Sra. Brandeis. Descemos em silêncio para o porão. Deixamos a luz do *Heim* acesa e a janela aberta para que Hans pense que estamos no quarto.

O porão está vazio e imundo. Começamos a afastar algumas treliches e mesas quebradas, a encontrar lugar para a exposição que ali seria montada. Em poucos minutos elas chegam. São cerca de 30 meninas, as alunas que a Sra. Brandeis convidou para ajudar na montagem. A Sra. Brandeis vem à frente, com uma pasta repleta de trabalhos artísticos de seus alunos.

— Oh! Aí estão vocês, que maravilha! Muito obrigada por virem, vão ajudar muito — disse a Sra. Brandeis.

— Temos uma mesa? Vamos precisar de uma — continuou.

— Posso buscar em um dos *Heim* — respondi prontamente.

— Obrigada, Bedřich, você sempre muito cavaleiro — disse a Sra. Brandeis olhando diretamente para mim.

— Está escuro, meio assustador — disse Dora, uma das meninas do quarto 28.

— Sim, teremos que acender algumas velas. Só um minuto, elas estão aqui em algum lugar — completou a Sra. Brandeis.

Chegamos com a mesa, eu e David, que havia subido para me ajudar. Em pouco tempo tudo estava organizado e o trabalho de curadoria estava começando.

— O que é curadoria? — perguntou Pajík, do *Heim* 4.

— Curadoria é a forma como organizamos os objetos de uma exposição. No nosso caso, estou separando os trabalhos de vocês por temas e por idades. A partir daí iremos pregá-los nas paredes com fita adesiva.

Três noites depois e a exposição estava pronta. Cerca de 250 desenhos, colagens, trançados e pinturas nas paredes. Nem acredito que conseguimos fazer tantas coisas lindas dentro do campo. Senti orgulho de nós, de nosso empenho e desejo de criar e nos expressar, apesar de tudo.

Na última noite, criei coragem e me aproximei da menina de sorriso lindo que mexe tanto comigo. Ela estava afixando uma pintura na parede. Era um prado com borboletas.

— Você gosta de borboletas? — perguntei para puxar assunto.

— Sim, claro, são lindas — ela respondeu, dessa vez sem me ignorar ou ser brusca.

— Pena que borboletas não vivem aqui, no campo — ela complementou.

Eu nunca tinha parado para pensar sobre isso, mas ela tinha razão. Eu nunca havia visto uma borboleta em Terezín.

— Você tem razão — continuei —, nunca vi uma borboleta aqui no campo. A última vez foi em Praga. O que acontece com as borboletas? Será que não gostam de imundice ou têm medo dos nazistas?

— Eu tenho uma teoria, Bedřich — ela me disse. E dou pulos de alegria na minha imaginação por ela saber meu nome. — Nós somos as borboletas de Terezín.

— Nós? Borboletas? Como assim? — pergunto atônito.

— Sim. Querem nos transformar em lagartas, enclausurados nos quartos e dentro de nós mesmos, mas não percebem que estamos nos transformando em borboletas, desabrochando para a vida, criando asas. As atividades artísticas e os laços de amizade que estamos construindo nos fazem voar para além dos muros.

Ela tinha razão. Nós somos as borboletas de Terezín.

X.

Vedem não seria *Vedem* sem a contribuição de diversos meninos do *Heim*, como histórias em quadrinhos, aventuras em capítulos (descobertas, viagens na estratosfera, explorações polares, histórias de piratas e de faroeste), principalmente sem os valorosos textos sobre cultura, política e temas pedagógicos escritos por Eisinger, além das inúmeras poesias traduzidas e publicadas em nossa revista. Eisinger é um educador nato e realizou diversas atividades educativas clandestinas em nosso alojamento, em conjunto com outros educadores e meninos.

Em 27 de setembro de 1944, recebemos a lista dos deportados e Eisinger estava nela. Não podíamos acreditar. Ele era fundamental para nossa sobrevivência no *Heim* e estava partindo no dia seguinte, acompanhado por mais 2.500 pessoas, no transporte de número 422. Não dormimos naquela noite. Ajudamos Eisinger a arrumar as malas. Durante a madrugada, ele nos contou histórias sobre sua infância, seus pais e irmãos e fez cada um de nós acreditar que teríamos uma chance, que o destino olharia por nós. O dia amanheceu e continuávamos todos ao seu redor, com lágrimas nos olhos. Foi nossa despedida. Às 6 horas e 30 minutos em ponto ele tinha que se apresentar na *Schleuse*. Nós o acompanhamos até a entrada do prédio. Ele virou-se e, antes de entrar, fez a saudação da República Skid: "Unidos, para sempre, até o fim. Skid! Skid! Skid!"

Valtr Eisinger foi enviado para o campo de concentração de Auschwitz e depois deportado para Buchenwald. Eisinger participou da **marcha da morte**, tendo recebido um tiro de um dos oficiais da SS em janeiro de 1945. Apesar de sua morte em uma vala comum, no meio da neve europeia, seu legado de serviço e dedicação aos meninos do *Heim* 1 se perpetuou para sempre.

Marcha da morte

Perto do final da guerra, quando as Forças Aliadas estavam se aproximando, os alemães começaram a remover os prisioneiros dos campos próximos à frente de batalha e enviá-los para campos de trabalho situados na Alemanha. No início, esses prisioneiros eram levados de trem, mas, posteriormente, passaram a realizar a longa jornada a pé que ficou conhecida como "Marcha da morte", já que muitos morriam pelo caminho por conta do frio, da falta de comida e do cansaço extremo. Aqueles que não conseguiam acompanhar o grupo eram assassinados a tiros.

16 de outubro de 1944.

Pela primeira vez depois de um período longo e silencioso há um aviso aéreo. Logo pela manhã vi alguns aviões estrangeiros. Primeiro havia muitos e agora vejo apenas quatro, perseguidos por caças alemães. Ficamos com medo de sermos bombardeados. Penso em Petr. Onde ele estará?

No outono de 1944, a onda devastadora de transportes para Auschwitz atingiu milhares de pessoas, entre elas centenas de crianças e adolescentes.

O primo de Petr, Pavel, também vivia no campo. Ambos foram convocados para o transporte de 6 de outubro. Petr foi o número 2392 e Pavel o 2626. Acompanhei ambos até a *Schleuse*. Petr estava incrivelmente calmo. Havia uma multidão de pessoas — mulheres, crianças e idosos —, espremendo-se em torno do edifício, procurando por seus filhos, esposas, pais, irmãos, puxando uns aos outros para encontrar seus entes queridos. Como a *Schleuse* estava cercada por uma barreira de guardas, ninguém podia fugir. Nos alojamentos, as pessoas acenavam e davam adeus, sem saber que sorte teriam aqueles "escolhidos". Era possível ouvir choro e soluços por toda parte.

Em meio à multidão, dentro da barreira da guarda tcheca, uma outra figura conhecida. É a Sra. Brandeis.

— Sra. Brandeis, Sra. Brandeis — eu grito próximo a ela.

— Bedřich, o que faz aqui? Volte para o alojamento — ela disse, acompanhando a multidão que a empurrava para dentro da *Schleuse*.

— Vim me despedir. Obrigado, Sra. Brandeis — falei em lágrimas.

— Não tenha medo, Bedřich, continue lutando.

E entrou no prédio. Que cena terrível! Para piorar a situação, vejo diversas meninas do L410 com malas nas mãos caminhando para a *Schleuse* também. Procuro por Helena. Não a vejo. Mas encontro com Anna, Ruth e Irinka. Trocamos olhares saudosos. Não há nada a dizer neste momento.

— Bedřich, Bedřich — ouço alguém me chamar no meio daquele caos. Olho para trás. É Maria, a irmã de Petr.

— Maria, estou tão triste — E desabo a chorar.

Maria me abraça.

— Eu também, Bedřich, não posso acreditar que Petr está partindo.

— Nada restou dele, Maria, apenas as memórias. Quando nos veremos de novo? Me diga, quando?

Maria tirou um pequeno caderno amarelado que estava envolto em um velho papel de embrulho pardo.

— Veja, Bedřich, o diário de Petr, ele me entregou antes de partir. Preciso escondê-lo, os nazistas não podem descobrir, será o nosso fim.

Olho ao redor e procuro Hans. Aquele lobo solitário está sempre pronto a dar o bote. Ele está na entrada da *Schleuse*, empurrando os prisioneiros para que não se atrasem.

— Maria, guarde esse diário com sua vida. Graças a ele saberão o que foi Terezín.

***

Estou arrasado. Primeiro Eisinger e agora a Sra. Brandeis e meu grande amigo Petr. Será que ainda devo manter a esperança? Tenho vontade de gritar:

— Vocês venceram, vocês venceram esta guerra! Me levem também. Já não há mais sentido em ficar.

Debruço-me na janela enquanto o sol se põe e fico a meditar. Em pouco tempo o céu está completamente negro, de uma escuridão profunda e desesperadora. Eu poderia me perder nessa escuridão para nunca mais voltar à realidade. Enquanto contemplo o céu com olhos vazios, uma pequena luz chama minha atenção. Ela pousa na janela, próxima à minha mão. Um vaga-lume, sim, um vaga-lume. É tão pequeno e ao mesmo tempo tão brilhante. Uma maravilha da natureza, um milagre. Não deixou de brilhar mesmo com os transportes e com nossa tristeza. Mesmo sendo tão pequeno e frágil, o vaga-lume está vivo e pode emanar sua luz por onde passa.

Naquele momento, dei-me conta de que cada um de nós, meninos e meninas prisioneiros do campo, também tem uma luz interior, uma força que não pode ser destruída nem pelos nazistas, nem por ninguém.

— Enquanto houver vida, nós lutaremos — disse baixinho para o vaga-lume, esboçando um sorriso vitorioso.

a grande
vitória

Em meados de 1944, as coisas começaram a ficar ainda mais estranhas no gueto. A esperança e o desespero se revezavam em ondas cada vez mais avassaladoras. A guerra precisava terminar. Os últimos prisioneiros haviam sobrevivido às inúmeras doenças que assolavam o campo e à fome crônica. Haviam sobrevivido até aqui. Não podiam ser enviados para o Leste!

Em 6 de junho de 1944 se espalhou a notícia de que as Tropas Aliadas haviam desembarcado na Normandia. Todos comemoraram. Enfim, o fim da guerra parecia próximo. A esperança tomou conta de todos, sem exceção. Os Aliados se aproximavam do *Reich* por todos os lados, em breve iriam ocupar Berlim. No oeste europeu, deu-se início à última fase de libertação da França. Haviam sido quatro longos anos de ocupação alemã. O exército russo avançava pelo Leste.

Pela primeira vez desde que chegaram ao campo, os prisioneiros puderam observar bandos de pássaros voando rumo a Sudoeste, iluminados pelo brilho do sol do meio-dia. Um dia como nenhum outro, uma cena linda de se ver: várias das crianças-prisioneiras nas janelas dos alojamentos enviando beijinhos para os pássaros, desejando voar com eles, para longe dali.

O mês de julho começou e mais notícias sobre a guerra chegaram clandestinamente ao gueto. Os Aliados têm realizado ataques aéreos contra os alemães. O cerco está se apertando, os nazistas precisam se render.

Com esses ataques, o alarme aéreo é acionado de uma a duas vezes ao dia no campo. Todos paralisam por alguns segundos e, logo em seguida, rostos alegres e conversas otimistas por todos os cantos. Os alemães terão que ceder. Realmente *a espécie humana foi feita para a esperança.*

24 de agosto de 1944. Todas as pessoas de 60 a 80 anos foram convocadas para o transporte. O registro ocorreria no edifício Hamburgo e, em breve, seriam enviadas cerca de 2.500 pessoas num primeiro transporte e mais 2.500 num segundo, além de 800 pessoas previstas como reserva. A notícia caiu como uma bomba. Os alemães não vão desistir de enviar os prisioneiros para o Leste? Para confortar o coração das crianças, uma nova revoada de pássaros sobrevoou o campo. Um verdadeiro espetáculo. Em vez de aviões alemães ou dos Aliados, pássaros prateados rumo ao Sudoeste, num processo natural de sobrevivência e manutenção da espécie. Todos querem sobreviver.

Puf! Tudo escuro. Parece o fim. Na noite de 2 de setembro, por volta das 23 horas, uma forte tempestade caiu sobre o campo acabando com o suprimento de energia elétrica. Nas janelas, as crianças-prisioneiras apontam para os vaga-lumes que sobrevoam o campo e só podem ser percebidos em contraste com a mais profunda escuridão. Em meio ao caos, uma luz.

Dora, Helena e Bedřich estão trabalhando paralelamente, as meninas ajudando o professor Miloš Salus a empacotar suas coisas e o menino auxiliando Rudolf Freudenfeld a organizar sua bagagem. Rudi irá partir no transporte de 28 de setembro com diversos outros homens. Eles serão enviados para trabalhar fora de Terezín, no território do *Reich*.

Os transportes estão partindo um após o outro. Não há tempo para despedidas. As partidas são constantes. O gueto parece uma cidade dos filmes de faroeste. Janelas abertas e quartos vazios. Ninguém observando o ir e vir dos prisioneiros.

Às 20 horas chega o trem: uma locomotiva puxando grandes vagões para transporte de gado. Os carros têm janelas largas e é possível ver que lá dentro não há lugar para sentar-se. Os prisioneiros viajarão em pé. Ao longo dos trilhos, luminárias iluminam a rua como se fosse meio-dia. Algumas pessoas são levadas para o transporte em macas e a bagagem dos cegos ficou para trás.

Restavam uns poucos, como os dinamarqueses, os holandeses, as mulheres que trabalhavam nas fábricas do campo ou em algum setor importante da lavoura. Os trabalhadores especializados e alguns inválidos condecorados na Primeira Guerra também permaneceram no campo. As crianças passaram a fazer o trabalho dos homens adultos, já que estes haviam sido, quase todos, enviados para reforçar a mão de obra de guerra.

Outubro começou cinzento e iria terminar assim.

O Tenente 1406 recebeu a última listagem de deportados, que partiriam em 16 de outubro. Nela estavam muitas das crianças que ele vigiara por quase dois anos, suspeitando que tramassem algo contra ele ou contra a guarda do campo. Hans, como era conhecido por alguns prisioneiros, era jovem e se importava mais com seu cão do que com aqueles prisioneiros. E, diga-se de passagem, seu cão, que se chamava Hans (coincidências inexplicáveis da vida!), um lindo pastor alemão, achava-o patético.

O Tenente 1406 abriu um enorme sorriso ao ver os números dos prisioneiros, seus alojamentos e quartos. Para ele, as crianças não tinham nome, apenas número. Era uma questão de burocracia. Em nenhum momento questionou o que aconteceria com elas, que destino teriam. Não se atrevia a questionar ordens. Apenas as cumpria. Era um perfeito estúpido? Não. Um monstro sanguinário? Também não. Apenas alguém que colocava a tarefa acima da vida. Assinou a lista, dando prosseguimento às ordens dos seus superiores, afinal de contas, era *a escrita ou a vida*.

Foi até o *Heim* 1, no alojamento L417, dar as notícias.

— Quando partiremos? — perguntou Bedřich, olhando fixamente dentro dos olhos do Tenente, sem medo.

— Hoje à noite — respondeu ele com um sorriso cínico nos lábios. — *Volto ao anoitecer.*

Na sequência, o Tenente foi a alguns dos lares do L410, entre eles o quarto 28.

— Agora é o fim — disse Helena com a voz embargada enquanto abraçava sua querida amiga Dora.

— Não! Estivemos juntas até agora e vamos permanecer juntas. Vamos sobreviver. A guerra irá terminar antes de chegarmos a qualquer lugar, os alemães terão que ceder — respondeu Dora, confiante.

— Somos apenas crianças, Helena. Você acredita em um mundo em que se matam crianças? — completou Dora, tentando acalmar a amiga.

Agora restavam poucas crianças nos lares, *as últimas testemunhas.* Apesar de poucas, a solidariedade e o afeto ainda prevaleciam, mesmo em momentos como aquele. Nas últimas conversas, na despedida, Bedřich, Dora e Helena se deram conta de que, apesar de tão jovens e enquanto suas vidas eram marcadas pela fome, pelo frio e pelo medo, puderam desenvolver laços profundos de amizade e se mantiveram honestos consigo mesmos e com os companheiros da fortaleza. Aprenderam a ser mais tolerantes e pacientes e a lidar com situações extremas. Perceberam que, já que não podiam escolher mudar aquilo que a guerra havia lhes imposto, escolheram transformar a si mesmos. Haviam se tornado mais fortes e corajosos do que jamais poderiam imaginar. Dois anos no campo podem não representar quase nada para alguém que viveu 70, 80 anos, mas para jovens de apenas 16 anos é uma eternidade.

Bedřich ficou sentado em sua treliche, aguardando pacientemente a chegada de Hans (o oficial, não o cachorro). Já no L410, todas as seis meninas que restavam no lar estavam estarrecidas de medo. Até Dora, que esperava confiante uma intervenção "mágica" (ou milagrosa, melhor dizendo), estava duvidando da sorte. Sentadas em suas treliches, as meninas começaram a ouvir vozes, passos e portas se abrindo e fechando. Os passos se aproximam cada vez mais. Elas contam as portas que faltam até o alojamento delas. Acabou. Agora é a nossa vez. A porta se abre lentamente e o brilho de uma lanterna invade o quarto. É ele, o Sr. Morte. Precisamos partir. Nem mais um abraço, choro ou despedida. Temos que acompanhá-lo.

Ao descer as escadas, Dora pensa nos desenhos que realizou no campo, em Friedl e em tudo o que aprendeu com ela. "Onde estarão meus desenhos agora que Friedl partiu?", ela pensa. Esse não é o momento mais adequado para se pensar em desenhos, mas é isso que vem à mente de Dora. Às vezes, quando estamos tensos, não controlamos os pensamentos.

Ao lado de Dora, os pensamentos de Helena também vão longe. "Ainda bem que deixei um registro no mundo. Não escrevi um diário, como Helga ou Mary Berg, mas meus desenhos são uma marca de que eu estive aqui. Será que escreverão sobre mim no futuro? Mas como escrever sobre alguém que se sabe tão pouco, uma pessoa que não registrou sua história, não deixou um poema, uma carta, uma dedicatória num caderno ou mesmo uma foto? Treze desenhos. Esse é o meu legado para a posteridade.

Será que escreverão sobre os desenhos que fiz? Eles irão para um museu?" — pensou Helena, enquanto descia as escadas do L410 pela última vez.

Os meninos do L417 aguardavam na frente da igreja o Tenente chegar com as meninas. Bedřich, Dora e Helena se entreolharam. Haviam chegado ao campo juntos e iriam partir juntos.

"Quero sobreviver e ter a chance de dizer a Helena o que sinto" — pensou Bedřich.

"Vou sobreviver e me casar com Bedřich" — pensou Dora.

"É o fim" — pensou Helena.

— Me acompanhem, em silêncio. Agora! — ordenou o Tenente.

"Qual seu nome?" — pensou Dora nesse momento.

"Por que Hans não nos deixa escapar?" — pensou Bedřich. — "Hans, eu nem sei se esse é mesmo seu nome. Mas o que importa o nome nessa hora? Para onde vamos? O que irá acontecer conosco?"

— Para onde seremos enviados? — perguntou Bedřich corajosamente ao Tenente, que o olhou de cima a baixo com desprezo.

— Para um campo de trabalho — respondeu. Essa era a resposta padrão.

O Tenente acompanhou aquele grupo de mais ou menos 100 crianças até a estação ferroviária, por ruas lamacentas e paisagem vazia.

De longe, as crianças avistaram o trem.

— Mais rápido, o trem está quase chegando na estação.

Todos tentam apertar o passo, mas as malas estão pesadas e é difícil caminhar com sapatos dois números menores numa rua lamacenta.

Finalmente chegaram.

Bedřich está inconformado. As coisas não podem terminar assim. Subir em um trem sem saber para onde ele irá. O que tem no Leste? Por que as pessoas são enviadas para lá?

Bedřich reúne novamente todas as suas forças e decide se dirigir ao Tenente mais uma vez:

— O que vai acontecer conosco? — pergunta Helena antes de Bedřich, enquanto o garoto enchia o peito de ar para falar com o jovem oficial.

— Irão para o Leste, como já sabem — respondeu o Tenente cheio de ironia.

— O que tem no Leste? — perguntou Helena.

— Campos de trabalho — ele respondeu.

— Nos deixe fugir — interrompeu Bedřich. — Somos poucos, nos esconderemos e ninguém saberá. Queremos voltar para casa.

— Não posso — respondeu o Tenente friamente —, preciso cumprir ordens.

Nesse momento, o trem parou e as portas se abriram. O Tenente observou aquele grupo de crianças valentes entrar no vagão e as portas se fecharem atrás delas. Tinha cumprido sua missão. Talvez recebesse um elogio de *Herr Kommandant*. Será que sentia alguma culpa? Seu pastor alemão ainda o acharia patético?

A guerra acabou em maio de 1945, quando os alemães foram cercados pelos Aliados. Durante a libertação de Terezín pelas tropas russas, Raja Englanderová, aluna de Friedl, encontrou duas malas no sótão do alojamento com quase seis mil desenhos. O professor Viteslav Hanuš, que permaneceu no campo até a chegada dos russos, escondeu mais de 60 dos poemas escritos pelas crianças no campo. Esses poemas e desenhos foram encaminhados para Praga e atualmente se encontram no Museu Judeu de Praga e no Museu de Terezín. O conjunto de trabalhos realizados em Terezín - desenhos, poemas, revistas, peças teatrais, músicas, a ópera Brundibár — é um dos maiores legados deixados por crianças durante a guerra e prova material de que elas estiveram lá.

O fim da guerra, a libertação do campo, todas essas coisas foram vistas pelas crianças. Elas brincavam no ar, como nuvem. Eram finalmente livres. Venceram a fortaleza, venceram Hitler.

Fim

Medo

Eva Picková

Hoje um novo pavor abraça o gueto.
uma doença ruim espalha o terror.
A morte empunhando sua foice fria,
Matando suas vítimas – que horror.

(...)

Hoje, mesmo que meu coração ainda pulse.
Minhas companheiras irão para outro mundo
E ninguém sabe, se não seria melhor.
Em vez de ver isso – melhor morrer agora.

(...)

Para Olga

Alena Synková

Ouve
já soa a sirene do barco
devemos navegar
para portos desconhecidos
ouve
já é tempo.

(...)

Tudo depende do ponto de vista

Miroslav Košek

I.

Terezín agora em plena beleza,
aparece nos seus olhos
e de todas as ruas ressoa
o barulho de passos humanos.

Então, assim eu vejo,
o gueto de Terezín,
este quilômetro quadrado,
Separado do mundo.

(...)

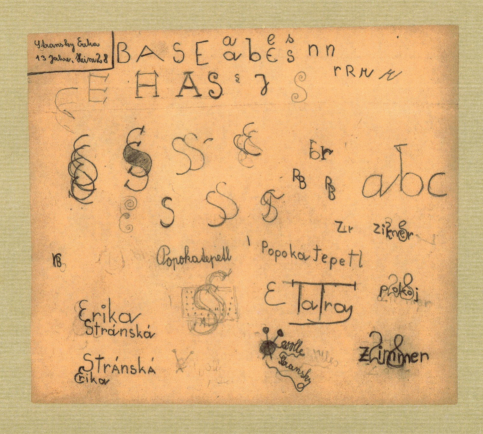

LUCIANE BONACE LOPES FERNANDES

Professora, pesquisadora, formadora de professores e autora de livros e outros materiais didáticos. Graduada em Design (Universidade Mackenzie), licenciada em Educação Artística (Belas Artes de São Paulo), mestre em Estética e História da Arte (ECA/FAU/FFLCH - USP), doutora em Educação (FE - USP), pós-doutora em Metodologia do Ensino e Educação Comparada (FE - USP), pós-doutora em Línguas Orientais (FFLCH - USP) e pós-doutoranda em Teoria Literária e Literatura Comparada (FFLCH - USP), área de Literatura Infantil e Juvenil. Membro do grupo de pesquisa Produções literárias e culturais para crianças e jovens (CNPq/FFLCH - USP), finalista do Prêmio Jabuti na categoria Livros Didáticos e autora da melhor tese de doutorado em Educação da USP (2015).

IMAGENS

Páginas 1, 3, 4, 12, 31, 32, 45, 46, 82, 84, 109, 110, 147, 148, 165, 173, 174, 182 e 186 – Artes desenvolvidas por crianças em Terezín / Acervo pessoal Erika Stransky.

Página 7 – Ponte Carlos, Praga / A_Peach. CC BY 2.0. *Disponível em:* https://www.flickr.com/photos/a_peach/26445894373/

Página 8 – Auschwitz / Kamil Zelezik. *Disponível em:* https://www.shutterstock.com/pt/image-photo/auschwitz-582341512

Página 9 – Orloj, Praga / Alistair Young. CC BY 2.0. *Disponível em:* https://www.flickr.com/photos/ajy/306494045/

Página 14 – Noite dos cristais / Karl H. Paulmann. *Fonte:* Jean-Pierre Dalbéra / Flickr. CC BY 2.0. *Disponível em:* https://www.flickr.com/photos/dalbera/2704805986/

Página 24 – Yevgeny Khaldei FOTO:Fortepan — ID 58305: Adományozó/Donor: Unknown. archive copy, Public domain, via Wikimedia Commons

Página 29 – nieznany/unknown, Public domain, via Wikimedia Commons

Página 49 – Gueto de Varsóvia / Ludwig Knobloch. *Fonte:* German Federal Archive / Wikimedia Commons. CC-BY-SA. *Disponível em:* https://en.m.wikipedia.org/wiki/File:Bundesarchiv_Bild_101I-134-0796-30,_Polen,_Ghetto_Warschau,_Ghettopolizist.jpg

Página 50 – Vista aérea de Terezín / Vachal Milan. *Disponível em:* https://www.alamy.com/terezin-city-aerial-view-image179202581.html

Página 61 – Alexander Voroncov, Public domain, via Wikimedia Commons

Página 93 – Prédio Bauhaus em Weimar Geolina163, CC BY-SA 4.0, via Wikimedia Commons. *Disponível em:* https://commons.wikimedia.org/wiki/File:Hauptgeb%C3%A4ude_Bauhaus-Universit%C3%A4t_Weimar_2019_2.jpg

Página 98 – Starry Nights / Vincent van Gogh. Public domain, via Wikimedia Commons

Página 108 – Friedl Dicker-Brandeis / Autor desconhecido. Public domain, via Wikimedia Commons

Página 130 – Equipe de filmagem no gueto de *Theresienstadt* realiza obra de propaganda nazista (um assistente judeu usando uma Estrela de Davi pode ser visto à direita). Autor desconhecido. Public domain, via Wikimedia Commons

As imagens das páginas 7, 9, 14, 49 e 93 estão sob licença Creative Commons, disponível em: https://creativecommons.org/licenses/